BOULEVARD PERIPHERIQUE
RD NEY
BOULEVARD NEY
Sacré Coeur
AVE. JEAN JA

RUE LA FAYETTE
BD. DE MAGENTA
péra
Place de la République
BD. ST. MARTIN
AVE. DE LA REPUBLIQUE
BD. DE SEBASTOPOL
uvre
Hôtel de Ville
ustice
Notre Dame
Place de la Bastille
BD. DAVOUT
BOULEVARD PERIPHERIQUE
GERMAIN
BD. ST. MICHEL
Panthéon
BD. DIDEROT
AVE. DAUMESNIL
VINCENNES
Val-de-Grâce
BD. ARAGO
BD. DE LA GARE
Eglise J. d'Arc

Vivre en France

Vivre en France

Fernand Marty

Professeur de français
Hollins College, U.S.A.

avec la collaboration de

Winifred Porter B.A.
Chef du département de français
Doncaster College of Education (1963-69)

Ella Stewart B.A.

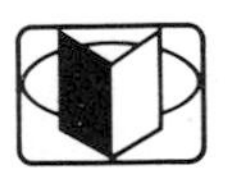

EUROPEAN SCHOOLBOOKS PUBLISHING

Distributed in the United States of America
by Larousse & Co Inc, 572 Fifth Avenue
New York NY10036

A set of tape-recordings is available to accompany this book.

First edition, September 1970

ISBN 0 85048 004 3

Designed by Playne Design

Printed by Hindson Print Group Ltd.
Newcastle upon Tyne, England
Bound by Leighton-Straker Bookbinding Co. Ltd.
London

Table des matières

Préface

VIVRE EN FRANCE s'adresse à des étudiants qui ont déjà acquis une certaine connaissance de la langue française. Ce n'est pas un livre pour débutants.
VIVRE EN FRANCE a deux buts principaux; premièrement de faire pratiquer à l'étudiant quelques-uns des structures et des clichés de conversation présentés d'abord dans les dialogues; et deuxièmement de lui faire connaître Paris en le mettant en face de situations dans lesquelles le visiteur étranger peut s'attendre à se trouver.
Il n'y a pas de progression grammaticale systématique dans les exercices structuraux, ceux-ci ayant été dictés par les dialogues, dont nous avons voulu à tout prix garder le ton naturel. Par contre, l'élément lexical a été soigneusement contrôlé et le même vocabulaire, surtout concret et pratique, a été systématiquement ré-employé dans une variété de situations et de structures.
Les photographies ont été choisies, non seulement pour illustrer les dialogues, mais aussi pour servir de points de départ susceptibles de provoquer la conversation générale en classe. Bien que celui-ci soit essentiellement un livre pour le laboratoire de langues, une certaine mesure d'explication préalable dans la salle de classe est indiquée lorsqu'il s'agit de structures plutôt difficiles ou compliquées. Quelques-uns des exercices demandent des réponses assez longues qui, une fois maîtrisées, donneront à l'etudiant une confiance accrue en son pouvoir de manipuler la langue.
Aussi nous espérons que ce livre pourra jouer un rôle dans des cours de recyclage destinés à des étudiants qui tiennent à ré-apprendre la langue et à acquérir une plus grande facilité dans le domaine du français parlé.

Les auteurs.

1 Arrivée en France

Marguerite Martin vient de terminer brillamment ses études. Pour célébrer ce succès, ses parents lui offrent deux mois de vacances en France. Elle habitera chez de vieux amis des Martin, monsieur et madame Duparc.

C'est la première fois que Marguerite va quitter l'Angleterre. Prendra-t-elle l'avion, le bateau, l'aéroglisseur? Finalement elle préfère risquer le mal de l'air plutôt que le mal de mer et nous la retrouvons à l'aéroport de Londres. C'est son baptême de l'air, mais le voyage est si calme et si rapide que Marguerite est un peu déçue. Vraiment, il n'y a pas de quoi avoir peur!

Atterrissage en douceur . . . et Marguerite pose le pied sur le sol français. Quelques longs couloirs et voici son premier contact avec l'administration française.

Policier Bonjour, mademoiselle. Montrez-moi votre passeport, s'il vous plaît.
Marguerite Le voici, monsieur.
Policier Combien de temps allez-vous rester en France?
Marguerite A peu près deux mois, monsieur.
Policier Où allez-vous habiter?
Marguerite Chez des amis de mes parents, monsieur et madame Duparc.
Policier Merci, mademoiselle. Maintenant, vous devez passer à la douane.
Douanier Où sont vos bagages, mademoiselle?
Marguerite Voici ma valise, monsieur.
Douanier Avez-vous quelque chose à déclarer?
Marguerite Rien du tout, monsieur.
Douanier Ouvrez votre valise, s'il vous plaît.
Marguerite Voilà, monsieur.

Douanier Vous n'avez pas de cigarettes?
Marguerite Non, je ne fume pas.
Douanier Combien de devises avez-vous?
Marguerite Pardon? Je ne comprends pas le mot devises.
Douanier Je veux dire: combien d'argent avez-vous?
Marguerite J'ai cinq cents francs français et à peu près quinze livres anglaises.
Douanier Bien, tout est en règle. Vous pouvez passer.

Exercices structuraux

1 *Exemple* Je n'ai rien à déclarer.
Alors, vous pouvez passer.

Je n'ai rien à déclarer.
Ma femme n'a rien à déclarer.
Mes parents n'ont rien à déclarer.
Mon fils n'a rien à déclarer.
Nous n'avons rien à déclarer.
Moi non plus maman, je n'ai rien à déclarer.

2 *Exemple* Où est votre passeport?
Montrez-le-moi, s'il vous plaît.

Où est votre passeport?
Où est votre valise?
Où sont vos bagages?
Où est votre argent?
Où sont vos devises?
Où est votre carte d'identité?
Où sont vos papiers?

3 *Exemple* Vous avez des cigarettes et du tabac?
J'ai des cigarettes, mais je n'ai pas de tabac.

Vous avez des cigarettes et du tabac?
Vous avez du savon et de la pâte dentifrice?
Elle a des chèques de voyage et de l'argent liquide?
Elles ont des robes d'été et des vêtements chauds?
Tu as du rouge à lèvres et du parfum?
Vous avez des sandales et des chaussures de tennis, Suzanne et toi?
Ton père a des journaux et des livres?

4 *Exemple* C'est le passeport de Marguerite?
Oui, c'est son passeport.

C'est le passeport de Marguerite?
C'est la mère de Paul?
Ce sont les bagages de Marguerite?
C'est l'adresse de Suzanne?
C'est la photo de Marguerite?
C'est l'amie de Marguerite?
C'est la nouvelle amie de Marguerite?

5 *Exemple* J'ai perdu mon passeport.
Mais non, le voilà; vous venez de le laisser tomber.

J'ai perdu mon passeport.
Mon frère a perdu la clef de sa voiture.
Marguerite a perdu son carnet de tickets.
Elles ont perdu les timbres qu'elles ont achetés tout à l'heure.
Maman, j'ai perdu mon stylo.
Tu as perdu ta photo?
Vous avez perdu vos cahiers, les enfants?

Questions

Vous allez entendre six questions et réponses. Chaque question sera ensuite répétée et suivie d'une pause pendant laquelle vous donnerez votre réponse.

Combien de temps est-ce que Marguerite va passer en France?

Où va-t-elle habiter?

Elle est déjà allée à l'étranger?

Comment est-ce que Marguerite va voyager?

Qu'est-ce qu'elle doit montrer à l'inspecteur de police?

Qu'est-ce qui indique que Marguerite ne fume pas?

L'avion franchit la côte française.

Il vient d'atterrir; les passagers vont descendre.

Il faut montrer les passeports. . . .

. . . et passer à la douane.

2 Les présentations

Les deux enfants des Duparc, Paul et Suzanne, sont venus attendre Marguerite à Orly. Ils ont acheté des tickets pour pouvoir aller à la porte d'arrivée au premier étage. Comment vont-ils pouvoir la reconnaître dans la foule des voyageurs qui sortent des barrières de la douane?

Paul Es-tu certaine de pouvoir la reconnaître?
Suzanne Oui, elle m'a envoyé sa photo et je lui ai envoyé la mienne. Elle m'a dit aussi qu'elle porterait une écharpe de soie blanche. Ça y est! Je la vois.
Marguerite Bonjour, Suzanne. Comment vas-tu?
Suzanne Je vais très bien. Et toi, tu as fait bon voyage?
Marguerite Excellent, merci.
Suzanne Marguerite, je voudrais te présenter mon frère, Paul.
Marguerite Bonjour, monsieur.
Paul Enchanté, mademoiselle.
Marguerite Je suis si heureuse d'être ici.
Suzanne Tu n'es pas fatiguée?
Marguerite Pas du tout.
Paul Avez-vous tous vos bagages?
Marguerite Non, pas encore. J'ai fait enregistrer une grosse valise noire.
Paul Alors, elle est à la douane au rez-de-chaussée. Allons-y.

Au rez-de-chaussée, Marguerite trouve sa valise sans trop de difficultés. Le douanier ne lui pose aucune question.

Marguerite Comment allons-nous à Paris?
Suzanne Je crois qu'il vaut mieux prendre le car. Paul, veux-tu apporter les bagages, s'il te plaît.

Exercices structuraux

1 *Exemple* Est-ce que vous allez reconnaître Marguerite?
J'espère pouvoir la reconnaître.

Est-ce que vous allez reconnaître Marguerite?
Est-ce que votre père va acheter cette Simca?
Est-ce que les enfants vont aller à la montagne?
Est-ce que toi et ton frère allez faire des économies?
Est-ce que tu vas prendre le rapide?
Est-ce que vous allez tous voir les acrobates?
Est-ce que Marguerite va perfectionner son français?

2 *Exemple* Madame Duparc connaît Marguerite de vue?
Oui, elle lui a envoyé sa photo.

Madame Duparc connaît Marguerite de vue?
Les deux jeunes gens connaissent Marguerite de vue?
Les enfants connaissent leurs deux cousins de vue?
Suzanne vous connaît de vue?
Marguerite vous connaît de vue, vous et votre mari?
Vous connaissez Suzanne de vue?
Suzanne connaît Marguerite de vue?

3 *Exemple* Vous avez retrouvé votre amie à l'aéroport?
Oui, je l'y ai retrouvée.

Vous avez retrouvé votre amie à l'aéroport?
Elle a trouvé ses bagages à la douane?
Paul vous a accompagné à la gare?
Les enfants sont venus attendre Marguerite à Orly?
Tu as emmené tes amies au musée du Louvre?
Marguerite vous a vus à la discothèque?
Vous avez envoyé les enfants en colonie de vacances?

4 *Exemple* Tu prends le car maintenant?
Oui, il vaut mieux le prendre maintenant.

Tu prends le car maintenant?
Tu envoies les photos maintenant?
Tu mets ton imperméable maintenant?
Tu déclares la bouteille de champagne maintenant?
Tu fais enregistrer les bagages maintenant?
Tu écris la lettre maintenant?
Tu achètes les billets maintenant?

5 *Exemple* Marguerite arrive à Orly le 27.
Qu'est-ce que Suzanne a dit à son frère?
Elle lui a dit que Marguerite arrivait le 27.

Es-tu certaine de la reconnaître, Suzanne?
Qu'est-ce que Paul a demandé à Suzanne?
Il lui a demandé si elle était certaine de la reconnaître.

Marguerite arrive à Orly le 27.
Qu'est-ce que Suzanne a dit à son frère?

Es-tu certaine de la reconnaître, Suzanne?
Qu'est-ce que Paul a demandé à Suzanne?

Marguerite, je veux te présenter mon frère.
Qu'est-ce que Suzanne a dit à Marguerite?

Je suis heureuse d'être à Paris, Suzanne.
Qu'est-ce que Marguerite a dit à Suzanne?

Avez-vous tous vos bagages, Marguerite?
Qu'est-ce que Paul a demandé à Marguerite?

J'ai fait enregistrer ma grosse valise, Paul.
Qu'est-ce que Marguerite a dit à Paul?

La valise doit être à la douane, Marguerite.
Qu'est-ce que Paul a dit à Marguerite?

Tu n'es pas fatiguée, Marguerite?
Qu'est-ce que Suzanne a demandé à Marguerite?

6 *Exemple* Est-ce que le douanier vous a posé des questions?
Non, il ne m'en a posé aucune.

Est-ce que le douanier vous a posé des questions?
Est-ce que vos cousins vous ont offert des cadeaux?
Est-ce que le patron vous a dicté des lettres?
Est-ce que le touriste vous a demandé des renseignements?
Est-ce que vos parents vous ont envoyé des nouvelles?
Est-ce que le garagiste vous a donné une carte de la région?
Est-ce que le professeur vous a montré des diapositives?

Questions

Vous allez entendre six questions et réponses. Chaque question sera ensuite répétée et suivie d'une pause pendant laquelle vous donnerez votre réponse.

Où est-ce que les jeunes Duparc sont venus attendre Marguerite?

Pourquoi Suzanne est-elle sûre de reconnaître son amie?

Qu'est-ce qu'elle va porter pour se faire reconnaître?

Est-ce que Marguerite est fatiguée?

Est-ce que le douanier lui pose des questions?

Comment est-ce que les jeunes gens décident de rentrer à Paris?

Il faut aller chercher les bagages à la douane au rez-de-chaussée.

2 Consultez l'horaire ci-dessous et répondez aux questions:

Exemple Tous les combien y a-t-il un départ pour Versailles?
Il y a un départ pour Versailles tous les quarts d'heure.

Tous les combien y a-t-il un départ pour Versailles?
Tous les combien y a-t-il un départ pour Saint-Germain?
Tous les combien y a-t-il un départ pour Evreux?
Tous les combien y a-t-il un départ pour Fontainebleau?
Tous les combien y a-t-il un départ pour Rambouillet?
Tous les combien y a-t-il un départ pour Chartres?

PARIS **VERSAILLES**	7 00 7 13	7 15 7 26	7 30 7 46	7 45 7 58
PARIS **RAMBOUILLET**	7 00 7 42	7 10 7 48	7 20 7 53	7 30 8 11
PARIS **SAINT-GERMAIN**	7 00 7 50	7 05 7 53	7 10 7 59	7 15 8 12
PARIS **EVREUX**	7 00 7 59	7 30 8 27	8 00 9 02	8 30 9 26
PARIS **CHARTRES**	7 00 8 05	8 00 8 58	9 00 9 55	10 00 11 04
PARIS **FONTAINEBLEAU**	7 00 7 40	7 45 8 23	8 30 9 09	9 15 9 56

3 *Exemple* Ça coûte 8 francs en taxi?
Oui, à quelques centimes près.

Ça coûte 8 francs en taxi?
Ce poulet pèse 2 kilos?
Cette armoire mesure 2 mètres?
Vous avez l'heure?
Vous allez rester deux mois dans le midi?
Il vous faut une minute pour taper cette lettre?
Le vin ordinaire coûte 2 francs le litre?

4 *Exemple* Suzanne a reçu une photo de Marguerite?
Heureusement, sans cela elle ne l'aurait pas reconnue.

Suzanne a reçu une photo de Marguerite?
Et toi, Paul, tu as reçu une photo de Marguerite?
Vos parents ont reçu une photo de Marguerite?
Vous et votre frère avez reçu une photo de Marguerite?
Les enfants ont reçu une photo de Marguerite?
J'ai reçu une photo de Marguerite.

5 *Exemple* Suzanne a pris un taxi pour aller à Orly?
Heureusement, sans cela elle ne serait pas arrivée à temps.

Suzanne a pris un taxi pour aller à Orly?
Et toi, Paul, tu as pris un taxi pour aller à Orly?
Vos parents ont pris un taxi pour aller à Orly?
Vous et votre frère avez pris un taxi pour aller à Orly?
Les enfants ont pris un taxi pour aller à Orly?
J'ai pris un taxi pour aller à Orly.

Questions

Vous allez entendre six questions et réponses. Chaque question sera ensuite répétée et suivie d'une pause pendant laquelle vous donnerez votre réponse.

Est-ce que l'aéroport d'Orly est au nord ou au sud de Paris?

Quelle est la distance d'Orly à Paris?

Combien coûte le trajet en car?

Quels sont les bâtiments neufs près d'Orly?

S'il y a des embouteillages à Paris, qu'est-ce qu'il vaut mieux faire?

Comment est l'autoroute quand les Halles sont ouvertes?

Le car est presque arrivé à Paris.

4 Le taxi

Marguerite, Suzanne et Paul descendent du car, prennent leurs valises et se dirigent vers la longue file de taxis qui attendent le long du trottoir. Marguerite remarque que les taxis parisiens sont très différents des taxis londoniens: il y en a de toutes les marques (Peugeot, Renault, Citroën, Simca, Mercédès), de tous les modèles, de toutes les couleurs. Leur seul point commun semble être d'avoir un signal lumineux TAXI avec deux petites ampoules: une blanche et une orange. Nos trois amis arrivent au taxi qui se trouve en tête de la file; le chauffeur descend, met les valises dans la malle arrière et demande:

Chauffeur Où voulez-vous aller?

Paul 6, boulevard des Sablons à Neuilly. Nous voudrions passer par la Concorde et les Champs-Elysées, s'il vous plaît.

Chauffeur Je veux bien, mais ce n'est pas le trajet le plus court. Avec les travaux de la Place de l'Etoile, ça va rudement vous retarder et faire monter le prix de la course.

Paul Oh, ça ne fait rien; nous avons tout notre temps.

Suzanne Regarde, Marguerite, nous traversons la Seine. Notre-Dame est tout là-bas à droite.

Paul Et voilà la place de la Concorde. A mon avis, c'est le plus bel ensemble de Paris.

Suzanne Maintenant nous remontons les Champs-Elysées.

Chauffeur Et on avance comme des tortues! Regardez-moi tous ces particuliers! Une personne par voiture! Ah, si j'étais le préfet de police, je vous jure que je saurais comment supprimer les embouteillages.

Paul	Oui, il faudrait faire quelque chose; la circulation devient vraiment impossible.
Marguerite	Tu habites assez près d'ici, n'est-ce pas?
Suzanne	Oui, nous sommes presque arrivés . . . Voilà notre maison.
Paul	Combien est-ce que ça fait?
Chauffeur	Neuf francs soixante-dix plus deux francs de supplément pour les valises.
Paul	Voici. Gardez la monnaie.
Chauffeur	Merci, monsieur.

Exercices structuraux

1 *Exemple* Vous voulez faire une excursion aujourd'hui? (le temps)
Ça dépend du temps

Vous voulez faire une excursion aujourd'hui? (le temps)
Vous allez acheter cette robe? (le prix)
Vous voulez aller au cinéma ce soir? (le film)
Tu veux manger au restaurant? (le menu)
Vous y allez à pied? (la distance)
Vous venez au théâtre avec nous? (la pièce)
Vous rentrez en septembre? (les circonstances)
Vous souffrez de la chaleur? (l'humidité)

2 *Exemple* Si nous comptons une heure pour arriver à l'aérogare des Invalides, ça suffit?
Je crois que vous devriez pouvoir y arriver en moins d'une heure.

Si nous comptons une heure pour arriver à l'aérogare des Invalides, ça suffit?
Si Marguerite compte 20 minutes pour arriver à l'Etoile, ça suffit?
Si je compte 50 minutes pour arriver à la Cité Universitaire, maman, ça suffit?
Si Paul et sa soeur comptent 40 minutes pour arriver à l'aéroport, ça suffit?
Si tu comptes un quart d'heure pour arriver à la gare, ça suffit?
Si toi et Suzanne comptez 40 minutes pour arriver au théâtre, ça suffit?
Si nous comptons 5 minutes pour arriver à l'arrêt de l'autobus, ça suffit?

3 *Exemple* Il est court, ce trajet!
Oui, d'accord! Mais ce n'est pas le trajet le plus court.

Il est court, ce trajet!
Comme elle est haute, cette montagne!
Ces maisons-ci sont très modernes, n'est-ce pas?
Comme il est rapide, cet avion!
Ce moment est vraiment mémorable.
Les westerns sont très populaires comme films.
Comme elle est ancienne, cette ville romaine!

4 *Exemple* Les jeunes gens descendent le boulevard Saint-Michel et traversent la Seine.
Après avoir descendu le boulevard Saint-Michel, ils ont traversé la Seine.

Les jeunes gens descendent le boulevard Saint-Michel et traversent la Seine.
Ils contournent la place de la Concorde et s'engagent dans la rue de Rivoli.
Ils visitent le Louvre et reprennent la rue de Rivoli.
Ils suivent la rue de Rivoli et s'arrêtent devant l'Hôtel de Ville.
Ils rebroussent chemin et remontent les Champs-Elysées.
Ils arrivent à l'Etoile et regardent l'Arc de Triomphe.
Ils prennent l'avenue Kléber et se dirigent vers le Palais de Chaillot.

5 *Exemple* C'est le préfet de police qui devrait supprimer les embouteillages.
Oui, si j'étais le préfet de police, je saurais comment les supprimer.

C'est le préfet de police qui devrait supprimer les embouteillages.
C'est le premier ministre qui devrait réduire les impôts.
C'est la directrice de l'école qui devrait discipliner les élèves.
C'est le propriétaire de l'immeuble qui devrait choisir ses locataires.
C'est le patron de l'usine qui devrait résoudre ces problèmes.
C'est le professeur de gymnastique qui devrait entraîner les athlètes.
C'est le rédacteur en chef qui devrait choisir les meilleurs articles.

Questions

Vous allez entendre six questions et réponses. Chaque question sera ensuite répétée et suivie d'une pause pendant laquelle vous donnerez votre réponse.

Où est-ce que les jeunes gens se dirigent en descendant du car?

Où est-ce que le chauffeur met les valises?

Qu'est-ce qu'il demande aux jeunes gens?

Par où est-ce que les jeunes gens veulent passer?

Qu'est-ce qui va les retarder?

Qu'est-ce qu'ils voient à droite quand le taxi traverse la Seine?

Les taxis parisiens

Même aux heures d'affluence, il n'est pas très difficile de trouver un taxi à Paris. On peut aller à une station de taxis ou on peut en appeler un par téléphone. Evidemment, il est aussi possible de héler un taxi qui passe dans la rue, mais on risque de perdre beaucoup de temps; la plupart des taxis qui circulent à vide sont des taxis qui répondent à un appel téléphonique (dans ce cas, l'une ou les deux ampoules sur le toit du taxi sont allumées) ou des taxis qui retournent au garage (dans ce cas, une gaine est placée sur l'indicatif TAXI); n'oubliez

pas non plus qu'un taxi doit refuser de s'arrêter si vous vous trouvez à moins de cinquante mètres d'une station et qu'il a le droit de refuser de vous prendre si la course que vous lui demandez risque de le faire rentrer en retard à son garage (cette heure de rentrée est indiquée sur une plaque horaire placée à l'avant du taxi).

Le chauffeur peut refuser de vous prendre si vous avez des animaux (chiens, chats, singes, etc.) ou si vous avez des bagages trop lourds ou trop nombreux; il peut refuser que vous occupiez la place à côté de lui. Il ne doit pas fumer pendant son service (sauf si une glace le sépare des voyageurs), mais il n'a pas le droit de vous empêcher de fumer. C'est aussi à vous de décider si les glaces doivent être levées ou baissées. Si vous n'avez pas de trajet préféré, le chauffeur doit choisir l'itinéraire le plus court. Les droits et les devoirs des chauffeurs et des passagers sont donc clairs, mais il vaut mieux être compréhensif et ne pas exiger, par exemple, que toutes les glaces soient baissées en plein hiver.

La prise en charge coûte deux francs cinquante. Pour le trajet lui-même, il faut payer 69 centimes au kilomètre de six heures trente à vingt-trois heures (c'est le tarif I et les ampoules blanche et orange sur le toit du taxi sont allumées) ou un franc et trois centimes de vingt-trois heures à six heures trente (c'est le tarif 2 et seule l'ampoule orange est allumée); si vous avez appelé le taxi par téléphone, le trajet accompli par le chauffeur pour se rendre chez vous est évidemment à votre charge. Si des encombrements forcent le taxi à s'arrêter ou à rouler lentement, le compteur compense automatiquement le temps perdu par le chauffeur.

Le pourboire n'est pas obligatoire, mais là encore il vaut mieux se conformer aux usages et ajouter environ 15% au prix de la course inscrit au compteur.

Le taxi passe devant le Palais-Bourbon (où l'Assemblée Nationale se réunit).

Puis il traverse la Seine sur le pont de la Concorde.

Vers l'est, on peut voir Notre-Dame.

Vers l'ouest, on peut voir la Tour Eiffel.

Voici la place de la Concorde avec l'obélisque.

On aperçoit l'église de la Madeleine au bout de la rue Royale.

Le taxi remonte les Champs-Elysées.

Il fait le tour de l'Arc de Triomphe. . . .

. . . et arrive à Neuilly.

Voici la route suivie par le taxi.

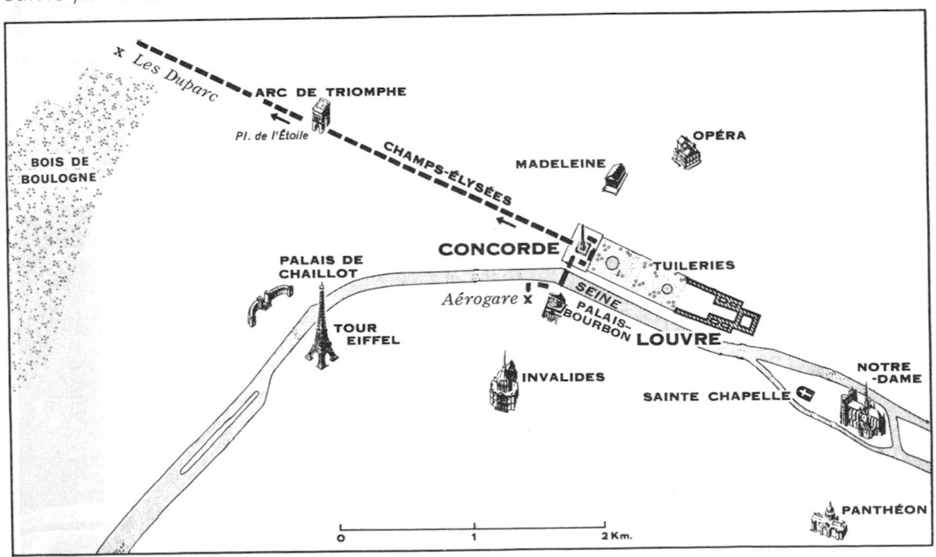

5 Chez les Duparc

Les Duparc habitent un grand appartement qu'ils ont acheté en 1960 dans un immeuble neuf. Ils habitent au deuxième étage à gauche.

Lorsque Suzanne, Marguerite et Paul arrivent, la concierge est à la porte de sa loge en train de bavarder avec le facteur. Suzanne en profite pour lui présenter Marguerite et lui dire qu'elle habitera chez les Duparc pendant deux ou trois mois.

Nos amis prennent l'ascenseur, Suzanne sonne, et c'est madame Duparc qui ouvre la porte:

Suzanne	Maman, papa, voici mon amie Marguerite.
Père	Ah, bonjour, Marguerite. Soyez la bienvenue chez nous.
Marguerite	Je suis très heureuse de faire votre connaissance, monsieur, madame.
Mère	Marguerite, vous devez être très fatiguée après ce long voyage.
Suzanne	Je vais lui montrer sa chambre tout de suite.
Marguerite	Merci, Suzanne. J'ai envie de me rafraîchir un peu.
Suzanne	Voici ma chambre. Toi et moi, nous allons dormir ici.
Marguerite	Quelle belle chambre!
Suzanne	Les fenêtres donnent sur le jardin; il n'y a pas de bruit la nuit.

Marguerite Comme tu as de la chance!
Suzanne Voici la salle de bains; les serviettes sont dans ce placard. Fais attention de ne pas te brûler; l'eau chaude est presque bouillante. Tu as tout ce qu'il te faut?
Marguerite Oui, Suzanne. A tout de suite!

Exercices structuraux

1 *Exemple* Tu as tout ce qu'il te faut?
Non, je n'ai pas tout ce qu'il me faut. Il me faut une serviette.

Tu as tout ce qu'il te faut?
Paul a tout ce qu'il lui faut?
Les enfants ont tout ce qu'il leur faut?
Marguerite et Suzanne, vous avez tout ce qu'il vous faut?
Est-ce que Papa a tout ce qu'il lui faut?
Est-ce que Maman a tout ce qu'il lui faut?
Paul, tu as tout ce qu'il te faut?

2 *Exemple* Tu veux voir ta chambre, Marguerite?
Oui, j'ai envie de la voir.

Tu veux voir ta chambre, Marguerite?
Vous voulez lire votre lettre, madame?
Toi et Suzanne, vous voulez voir ce film?
Tu veux te rafraîchir un peu, Marguerite?
Vous et maman voulez voir nos photos?
Suzanne et Marguerite veulent visiter les musées?
Marguerite veut connaître les parents de Suzanne?

3 *Exemple* La concierge a distribué le courrier?
Elle est en train de le distribuer.

La concierge a distribué le courrier?
Marguerite a lu sa lettre?
Le porteur a monté les bagages de Marguerite?
Tu as fait la vaisselle, Suzanne?
Papa a nettoyé la voiture?
Vous et maman avez regardé nos photos?
Les enfants ont joué le nouveau disque?
Dites donc, les enfants, vous avez rangé vos affaires?
Marguerite, tu as défait tes valises?

4 *Exemple* L'eau chaude est presque bouillante. (te brûler)
Fais attention de ne pas te brûler.

L'eau chaude est presque bouillante. (te brûler)
Il y a du verglas sur le trottoir. (glisser)
C'est une route dangereuse. (avoir un accident)
Je vais doubler cette Mercédès. (déraper)
Il y a une voiture de police derrière nous. (dépasser la ligne jaune)
Laisse-moi descendre ici pour faire quelques courses. (trop dépenser)
Je rentre par le train. (le manquer)
J'ai apporté mon carnet de tickets. (le perdre)
Oh, il fait très froid dehors. (t'enrhumer)

5 *Exemple* Les Duparc ont trouvé un appartement à Neuilly.
Alors, ils ont vraiment de la chance! Il n'est pas facile de trouver un appartement à Neuilly.

Les Duparc ont trouvé un appartement à Neuilly.
J'ai acheté une bonne voiture d'occasion, maman.
Suzanne et son amie ont trouvé un compartiment libre.
Nous avons fait 20 000 kilomètres à Paris sans avoir d'accidents.
Mon ami le peintre a loué un atelier à Montmartre.
Ma cousine a fait la connaissance d'un millionnaire.
J'ai obtenu mon permis de conduire du premier coup, tu sais!
Marguerite a gagné le gros lot à la loterie.

Voici la loge de la concierge.

Les fenêtres donnent sur le jardin.

Questions

Vous allez entendre six questions et réponses. Chaque question sera ensuite répétée et suivie d'une pause pendant laquelle vous donnerez votre réponse.

Où est-ce que les jeunes Duparc habitent?

Qui est-ce que les jeunes gens rencontrent dans l'escalier?

Qu'est-ce que Suzanne veut montrer tout de suite à Marguerite?

Qu'est-ce que Marguerite a envie de faire?

Dans quelle chambre va-t-elle dormir?

Pourquoi n'y a-t-il pas de bruit la nuit?

6 Le métro

Après déjeuner, il commence à pleuvoir; c'est une pluie fine qui menace de durer plusieurs heures. Suzanne et Marguerite décident d'aller passer l'après-midi au Louvre. Suzanne apporte un plan de Paris et montre à son amie que pour aller au Louvre elles ont le choix entre le métro et l'autobus. Marguerite préfère essayer le métro. En route donc....

Marguerite Où est la station de métro la plus proche?

Suzanne Il y en a une à deux pas d'ici.

Marguerite Est-ce que c'est direct pour le Louvre?

Suzanne Oui, il faut prendre la direction VINCENNES ... Un carnet de première et un carnet de deuxième, s'il vous plaît.

Marguerite Pourquoi achètes-tu tous ces billets?

Suzanne Parce que les billets en carnet coûtent moins cher que les billets individuels.

Marguerite Et pourquoi achètes-tu des billets de première et des billets de deuxième?

Suzanne Parce que je monte en première classe aux heures d'affluence. Il y a moins de monde qu'en deuxième. Je n'aime pas rester debout.

Marguerite Qu'est-ce que l'employée va faire?

Suzanne Elle va poinçonner ton billet.

Marguerite Pourquoi me l'a-t-elle rendu?

Suzanne Il faut le conserver. Un contrôleur peut te le demander pendant le trajet.

Marguerite Où faut-il aller?
Suzanne A droite.
Marguerite J'entends le métro qui arrive.
Suzanne Dépêchons-nous; le portillon va se fermer.

Exercices structuraux

1 *Exemple* Nous allons prendre le métro pour aller au Louvre. (station de métro)
Où est la station de métro la plus proche?

Nous allons prendre le métro pour aller au Louvre. (station de métro)
Il faut que j'achète du pain. (boulangerie)
Je vais attendre l'autobus. (arrêt)
Je voudrais me faire coiffer. (coiffeur)
J'ai envie de prendre un bain de mer. (plage)
Je suis en panne d'essence. (station d'essence)
Il y a eu un accident grave. (hôpital)

2 *Exemple* Le métro arrive.
J'entends le métro qui arrive.

Le métro arrive.
Le chien aboie.
L'avion passe.
Le train siffle.
La porte claque.
La voiture klaxonne.
L'oiseau chante.

3 *Exemple* Qui peut me demander mon billet? (le contrôleur)
Le contrôleur peut te le demander.

Qui peut me demander mon billet? (le contrôleur)
Qui doit me demander ma carte d'identité? (l'agent de police)
Qui va t'apporter ton paquet? (le facteur)
Qui peut me donner les renseignements? (la secrétaire)
Qui pourra leur prêter ces livres? (le professeur)
Qui peut lui envoyer l'adresse? (madame Duparc)
Qui pourra montrer les monuments à Marguerite? (Suzanne)

4 *Exemple* Pourquoi montes-tu en première plutôt qu'en deuxième? (monde)
Parce qu'il y a moins de monde qu'en deuxième.

Pourquoi montes-tu en première plutôt qu'en deuxième? (monde)
Pourquoi partez-vous en week-end le vendredi plutôt que le samedi? (circulation)
Pourquoi prenez-vous vos vacances en juin plutôt qu'en août? (voyageurs)
Pourquoi habitez-vous au dixième étage plutôt qu'au rez-de-chaussée? (bruit)
Pourquoi préférez-vous habiter en Suisse plutôt qu'en Angleterre? (impôts)
Pourquoi voyagez-vous en bateau plutôt qu'en avion? (danger)
Pourquoi faites-vous vos courses le matin plutôt que le soir? (clients)

5 Regardez le plan du métro à la fin du livre. Vous êtes à la station Opéra.

Exemple A Est-ce que c'est direct pour la Motte-Piquet?
Oui, il faut prendre la direction Place Balard.

Exemple B Est-ce que c'est direct pour Courcelles?
Non, il faut prendre la direction Levallois, descendre à Villiers et puis prendre la direction Porte Dauphine.

Est-ce que c'est direct pour la Motte-Piquet?
Est-ce que c'est direct pour Courcelles?
Est-ce que c'est direct pour Poissonnières?
Est-ce que c'est direct pour Corvisart?
Est-ce que c'est direct pour La Bourse?
Est-ce que c'est direct pour Bel-Air?

Questions

Vous allez entendre six questions et réponses. Chaque question sera ensuite répétée et suivie d'une pause pendant laquelle vous donnerez votre réponse.

Où est-ce que Marguerite et Suzanne décident de passer l'après-midi?

Quel moyen de transport est-ce que Marguerite préfère?

Quelle direction faut-il prendre pour aller des Sablons au Louvre?

Pourquoi est-ce qu'on achète ses tickets en carnet?

Quand est-ce que Suzanne monte en première?

Pourquoi est-ce que Marguerite et Suzanne doivent se dépêcher?

Le métro

C'est en mille neuf cent que la première ligne du métro de Paris a été inaugurée. Aujourd'hui plus de quatre millions de voyageurs utilisent le métro chaque jour. Les premiers trains partent à cinq heures trente du matin et les derniers trains arrivent à leur terminus à une heure quinze du matin.

Il y a un plan du métro à l'entrée de chaque station. Vous pouvez désigner les lignes par leur numéro (ligne 1, ligne 2, etc.) ou par le nom de la première et de la dernière station (ligne Vincennes-Neuilly, ligne Dauphine-Nation, etc.).

Pour prendre le métro, il faut avoir un billet. Un billet de métro vous permet d'aller où vous voulez; vous payez le même prix quels que soient la longueur du parcours effectué et le nombre de lignes empruntées (sauf sur la ligne de Sceaux et le nouveau métro express régional).

Il y a deux classes dans le métro; les billets de première classe sont verts et les billets de deuxième classe sont jaunes. Pour les gens qui prennent rarement le métro, il y a des billets vendus à l'unité; ces billets sont utilisables seulement le jour de leur émission; ils coûtent un franc soixante en première classe et un franc dix en deuxième classe.

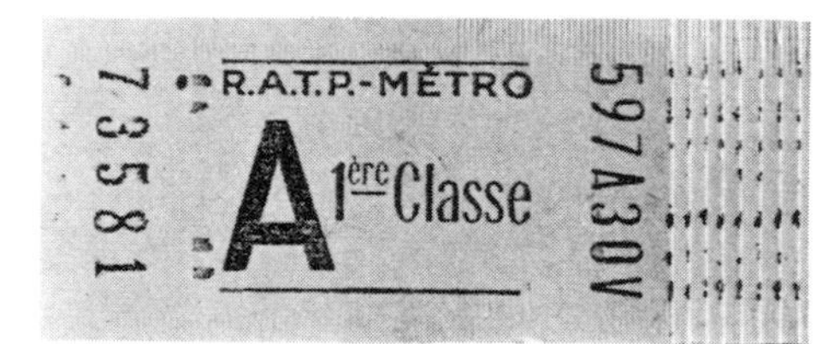

Les gens qui prennent souvent le métro ont intérêt à acheter des carnets de billets; les billets vendus en carnet peuvent être utilisés n'importe quel jour; un carnet de dix billets coûte dix francs cinquante en première classe et sept francs en deuxième classe (une économie de près de quarante pour cent sur les billets vendus à l'unité). Certaines personnes (étudiants, mutilés de guerre, familles nombreuses, etc.) ont droit à une réduction de cinquante pour cent. Il existe aussi une carte hebdomadaire qui permet de faire un aller et retour journalier à un tarif spécial. Les touristes étrangers peuvent obtenir un billet de tourisme, valable sept jours consécutifs, qui leur permet d'effectuer un nombre illimité de voyages en métro (première classe) et en autobus.

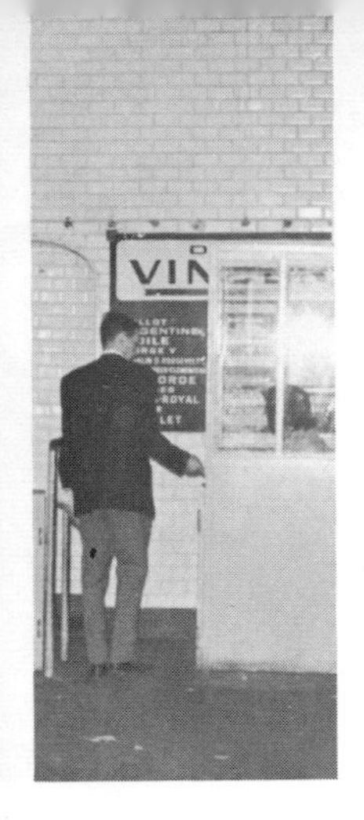

Avant de passer sur le quai, vous devez présenter votre billet et le faire poinçonner; si vous voyagez en première classe, gardez votre billet parce qu'un contrôleur peut vous le demander pendant votre trajet. Les chiffres et les lettres imprimés au recto du billet et l'impression faite au verso par le poinçonnage donnent au contrôleur les renseignements nécessaires pour s'assurer que vous n'êtes pas en situation irrégulière.

A l'entrée du quai, il y a un portillon automatique qui se ferme quand le métro arrive et qui reste fermé tant que le métro est dans la station (c'est pour empêcher les accidents qui pourraient être causés par des gens essayant de monter dans le métro en courant). Les stations sont généralement très propres; les murs sont couverts d'affiches de publicité.

Aux heures d'affluence, l'intervalle entre chaque train est d'environ une minute; aux heures plus calmes, les trains sont moins fréquents mais on attend généralement moins de dix minutes. La voiture de première classe est au milieu du train.

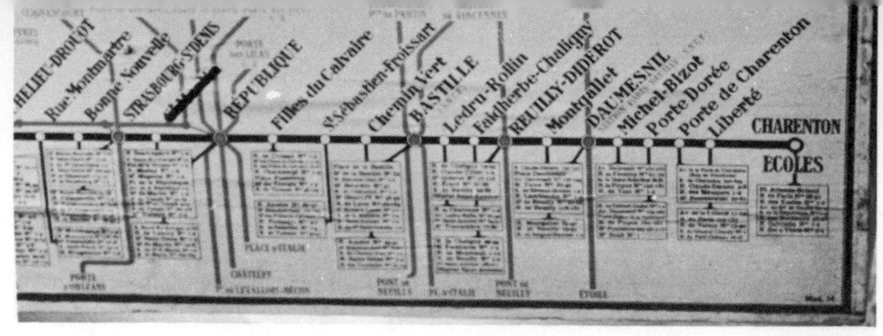

Dans chaque voiture, des schémas indiquent le trajet de la ligne, le nom des stations et les points de correspondance avec les autres lignes; ces schémas sont au-dessus des portes ou suspendus au plafond. Il y a des affiches de publicité à l'intérieur des voitures. Un écriteau vous rappelle qu'il est défendu de fumer et de cracher et que certaines banquettes sont réservées par priorité aux mutilés de guerre, aux aveugles, aux femmes enceintes, etc.

Le métro s'arrête à chaque station, mais les arrêts sont très courts. Les portes des voitures s'ouvrent et se ferment automatiquement. Il faut moins d'un quart d'heure pour aller des Sablons au Louvre.

Quand la station de départ et la station de destination ne sont pas sur la même ligne, il faut changer de ligne dans une station de correspondance. Dans une station de correspondance, plusieurs lignes se rencontrent et il est possible de passer d'une ligne à une autre gratuitement. Par exemple, il y a deux lignes à Palais-Royal, trois à Concorde, quatre à Châtelet.

Pour aller des Sablons aux Invalides, il faut changer de ligne à Concorde; pour aller de la Porte de Clichy à la Cité Universitaire, il faut prendre la direction Saint-Lazare, descendre à Saint-Lazare, prendre la direction Mairie d'Issy, descendre à Montparnasse-Bienvenüe, prendre la direction Porte d'Orléans, descendre à Denfert-Rochereau, et prendre la ligne de Sceaux jusqu'à la Cité Universitaire. Si vous avez des difficultés pour trouver votre route, vous pouvez vous servir d'un indi-

cateur d'itinéraires; vous appuyez sur le bouton qui correspond à la station où vous désirez aller, et le trajet que vous devez suivre s'allume de diverses couleurs.

La R.A.T.P. (Régie Autonome des Transports Parisiens) a entrepris un grand effort de modernisation du métro. Les vieilles voitures sont progressivement remplacées par des voitures sur pneus ou par des voitures à roues métalliques d'un modèle plus rapide. Toutes ces nouvelles voitures sont beaucoup moins bruyantes que les vieilles voitures; elles sont aussi mieux éclairées et plus confortables. Des trottoirs roulants ont été installés dans les stations où les couloirs de correspondance sont particulièrement longs. Quelques stations sont équipées de distributeurs automatiques de billets, et la R.A.T.P. songe aussi à installer des appareils automatiques pour remplacer les employés qui poinçonnent les billets.

Le premier tronçon du réseau express régional (R.E.R.) a commencé à fonctionner en décembre 1969. Le but du R.E.R. est de permettre des liaisons beaucoup plus rapides entre les diverses villes de banlieue et Paris.

7 Au musée du Louvre

Pour aller au musée du Louvre, on peut descendre à la station Palais-Royal ou à la station Louvre. Suzanne préfère cette dernière station parce qu'elle a été décorée avec beaucoup de goût.

Marguerite	Est-ce que le musée est ouvert tous les jours?
Suzanne	Oui, de dix heures à cinq heures tous les jours sauf le mardi. La plupart des musées sont fermés le mardi.
Marguerite	Est-ce que l'entrée des musées est gratuite?
Suzanne	En général, non. Pour le Louvre, c'est gratuit le dimanche; mais les autres jours l'entrée coûte trois francs.
Marguerite	C'est cher, tu ne trouves pas? Moi, je pense que l'entrée de tous les musées devrait être gratuite tous les jours.
Employée	Il faut laisser vos parapluies au vestiaire, mesdemoiselles.
Suzanne	Voici, madame.
Marguerite	Tu as vu l'écriteau? ''Vestiaire gratuit. Pourboire interdit''. Voilà quelque chose qui me fait plaisir. Tu sais, j'ai un peu de sang écossais dans les veines.
Suzanne	Je suis de ton avis pour les pourboires. J'aimerais bien qu'on les supprime tous.
Marguerite	Y a-t-il des visites guidées?
Suzanne	Oui, il y en a. Regarde l'affiche; la prochaine est à quinze heures. Je crois qu'il vaut mieux louer un appareil de téléguidage et visiter par nous-mêmes.
Marguerite	Est-il permis de prendre des photos?
Suzanne	Oui, mais le flash est défendu. Par où veux-tu commencer?
Marguerite	Je crois que nous pourrions d'abord regarder les œuvres les plus célèbres; tu sais, il faut surtout voir la Joconde, la Vénus de Milo, la Victoire de Samothrace. . . . Ensuite j'aimerais voir les sculptures du Moyen-Age.

Exercices structuraux

1 *Exemple* La chapelle a été décorée par Picasso?
Oui, c'est lui qui l'a décorée.

La chapelle a été décorée par Picasso?
Ces tableaux ont été peints par Marie Laurencin?
La Cité Radieuse a été créée par le Corbusier?
Les microbes ont été isolés par Pasteur?
Le radium a été découvert par Marie Curie?
Ces films ont été réalisés par Autant-Lara?
La grotte de Lascaux a été explorée par l'Abbé Breuil?

2 *Exemple* Il va falloir décorer la station du Louvre.
Mais, elle a déjà été décorée!

Il va falloir décorer la station du Louvre.
Il va falloir repeindre la maison.
Il va falloir prendre la photo.
Il va falloir porter ce roman à l'écran.
Il va falloir explorer cette grotte préhistorique.
Il va falloir punir le criminel.
Il va falloir attraper le voleur.

3 *Exemple* Que faut-il surtout voir au Louvre?
Quand on est au Louvre, il faut surtout voir la Joconde.

Choisissez la réponse dans la liste qui suit les questions.

Que faut-il surtout voir au Louvre?
Que faut-il surtout voir à Copenhague?
Que faut-il surtout voir à Washington?
Que faut-il surtout voir à Pise?
Que faut-il surtour voir à Athènes?
Que faut-il surtout voir à Chartres?
Que faut-il surtout voir à Moscou?
Que faut-il surtout voir à Avignon?
Que faut-il surtout voir en Egypte?

le Kremlin: les Pyramides: le Palais des Papes:
la Tour Penchée: la Maison Blanche: la Petite Sirène:
la cathédrale: l'Acropole: la Joconde.

4 *Exemple* Est-ce que les musées sont ouverts le mardi?
Non, la plupart des musées sont fermés le mardi.

Est-ce que les musées sont ouverts le mardi?
Est-ce que les agences de voyage sont ouvertes le dimanche?
Est-ce que les écoles sont ouvertes le jeudi après-midi?
Est-ce que les magasins sont ouverts le lundi?
Est-ce que les banques sont ouvertes le samedi matin?
Est-ce que les pharmacies sont ouvertes les jours de fête?
Est-ce que les jardins publics sont ouverts le soir?

5 *Exemple* Est-il permis de prendre des photos ici? (dehors)
Non, c'est interdit ici, mais on peut prendre des photos dehors.

Est-il permis de prendre des photos ici? (dehors)
Est-il permis de fumer ici? (dans le foyer)
Est-il permis de se garer ici? (dans le parking)
Est-il permis de se baigner ici? (un peu plus loin)
Est-il permis de doubler ici? (après le virage)
Est-il permis de camper ici? (près de la rivière)
Est-il permis de traverser ici? (par le passage souterrain)

Questions

Vous allez entendre six questions et réponses. Chaque question sera ensuite répétée et suivie d'une pause pendant laquelle vous donnerez votre réponse.

Où faut-il descendre du métro pour aller au musée du Louvre?

Combien coûte l'entrée du musée le dimanche?

Peut-on visiter le Louvre le mardi?

Jusqu'à quelle heure est-ce que le musée est ouvert?

Où faut-il laisser les parapluies?

Qu'est-ce que les touristes veulent surtout voir au musée du Louvre?

LOUVRE
TAXIS
Raphaël
quinquina
TELEPHONE PUBLIC

PAVILLON DENON

8 Dans l'autobus

Le Louvre ferme à cinq heures. Marguerite quitte le musée à regret, mais elle se promet d'y revenir souvent; il lui reste tant de choses à voir!

La pluie s'est arrêtée et il fait bon. Marguerite et Suzanne se promènent dans le jardin des Tuileries jusqu'à six heures. Elles décident de rentrer en autobus; elles traversent la rue de Rivoli et ...

Suzanne	Nous attendons l'autobus ici. Il faut prendre la file.
Marguerite	Il n'y a que six personnes avant nous. Quel autobus prenons-nous pour rentrer chez toi?
Suzanne	Le soixante-treize. En voici un! J'espère qu'il y a de la place.
Marguerite	Oui, nous avons de la chance. Il y a même des places assises.
Suzanne	Tiens, donne ces deux billets au chauffeur en montant.
Marguerite	Mais ce sont des billets de métro!
Suzanne	Oui, dans l'autobus on utilise des billets de métro de deuxième classe.
Chauffeur	Merci, mademoiselle.
Marguerite	On donne deux billets chaque fois qu'on prend l'autobus?
Suzanne	Non, ça dépend de la longueur du trajet. Pour un trajet court, il faut un ticket, pour un trajet long, il en faut deux.
Marguerite	Pourquoi dis-tu ticket au lieu de billet?
Suzanne	On peut dire billet de métro ou ticket de métro, ça n'a pas d'importance.
Marguerite	Le métro est beaucoup plus rapide que l'autobus, n'est-ce pas?
Suzanne	Oui, mais l'autobus est plus agréable et moins fatigant.

Marguerite C'est le Bois de Boulogne là-bas?
Suzanne Oui, c'est ça. Nous allons descendre au prochain arrêt. Appuie sur le signal d'arrêt, veux-tu?

Exercices structuraux

1 *Exemple* Vous avez encore des choses à voir?
Oui, il me reste tant de choses à voir.

Vous avez encore des choses à voir?
Vous avez encore des cadeaux à acheter?
Maman a encore des sandwiches à préparer?
Vous avez encore des cartes à envoyer?
Les secrétaires ont encore des enveloppes à écrire?
Vous avez encore du travail à faire?
Le professeur a encore des examens à corriger?

2 *Exemple* Combien y a-t-il de personnes dans l'autobus? (6)
Il n'y a que six personnes dans l'autobus.

Combien y a-t-il de personnes dans l'autobus? (6)
Combien y a-t-il de clients dans le magasin? (8)
Combien y a-t-il de tickets dans le carnet? (10)
Combien y a-t-il de cigarettes dans le paquet? (20)
Combien y a-t-il de voitures dans le garage? (6)
Combien y a-t-il d'employés dans le bureau? (6)
Combien y a-t-il de passagers dans l'avion? (71)

3 *Exemple* Est-ce que tu donnes les tickets au chauffeur quand tu montes dans l'autobus?
Oui, je les lui donne en montant dans l'autobus.

Est-ce que tu donnes les tickets au chauffeur quand tu montes dans l'autobus?
Est-ce qu'on montre son passeport au douanier quand on passe à la douane?
Est-ce que tu présentes ta fiche au gardien quand tu arrives à l'usine?
Est-ce qu'on remet son billet au contrôleur quand on sort de la gare?
Est-ce qu'on donne son parapluie à l'employée quand on entre au musée?
Est-ce qu'elle annoncera la nouvelle à ses parents quand elle partira?

4 *Exemple* Il faut donner un ticket? (2)
Non, il faut en donner deux.

Il faut donner un ticket? (2)
Il faut envoyer une photo? (3)
Il faut prendre un comprimé? (5)
Il faut acheter une pêche? (6)
Il faut préparer une chambre? (2)
Il faut commander une bouteille? (4)
Il faut retenir une place d'avion? (10)

5 *Exemple* Qu'est-ce qui est le plus rapide, le métro ou l'autobus?
Le métro est beaucoup plus rapide que l'autobus.

Qu'est-ce qui est le plus rapide, le métro ou l'autobus?
Qu'est-ce qui est le plus tranquille, la campagne ou la ville?
Qu'est-ce qui est le plus populaire, la télévision ou la radio?
Qu'est-ce qui est le plus moderne, le tracteur ou le cheval?
Qu'est-ce qui est le plus calme, la piscine ou la mer?
Qu'est-ce qui est le plus dangereux, la moto ou l'auto?
Qu'est-ce qui est le plus agréable, l'autobus ou le métro?

Questions

Vous allez entendre six questions et réponses. Chaque question sera ensuite répétée et suivie d'une pause pendant laquelle vous donnerez votre réponse.

Est-ce que Marguerite a l'intention de revenir au Louvre?

Où est-ce que les jeunes filles se promènent?

Comment décident-elles de rentrer?

Pourquoi est-ce que Suzanne donne deux tickets au chauffeur de l'autobus?

Quand lui donne-t-elle les tickets?

Pourquoi est-ce que Marguerite appuie sur le bouton d'arrêt?

On peut prendre l'autobus en face du Louvre, . . .

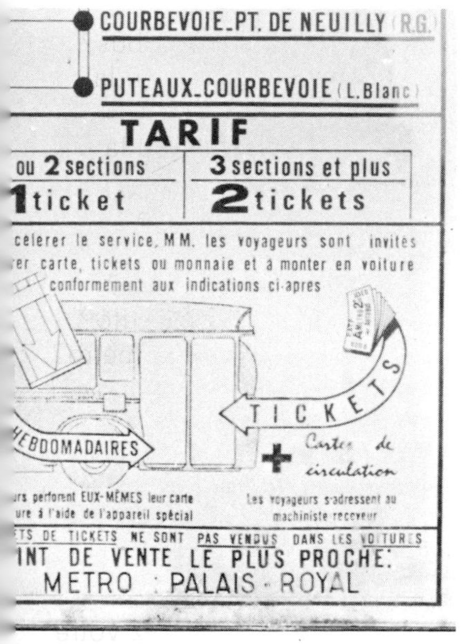

COURBEVOIE_PT. DE NEUILLY (R.G.)
PUTEAUX_COURBEVOIE (L.Blanc)
TARIF
ou 2 sections
1 ticket
3 sections et plus
2 tickets
celerer le service, MM. les voyageurs sont invités
rer carte, tickets ou monnaie et à monter en voiture
conformement aux indications ci-apres
TICKETS
HEBDOMADAIRES
Cartes de circulation
urs perforent EUX-MÊMES leur carte
ure à l'aide de l'appareil spécial
Les voyageurs s'adressent au machiniste receveur
ETS DE TICKETS NE SONT PAS VENDUS DANS LES VOITURES
INT DE VENTE LE PLUS PROCHE:
METRO : PALAIS - ROYAL

OMNIBUS
OUVERTURE
ET FERMETURE
des glaces
A chaque terminus le receveur doit ouvrir ou fermer les glaces non immobilisées, conformément aux instructions fixées au bureau terminus suivant la température et l'état atmosphérique.
M.M. les voyageurs peuvent modifier en cours de route les dispositions adoptées au départ, mais, en cas de désaccord entre voyageurs d'un même compartiment, le receveur doit donner satisfaction à celui qui désire que la glace soit fermée.
(Décision de Mr le Préfet de Police, du 28 Octobre 1913)

ACHETER UN CARNET
c'est bien...
FAIRE
L'APPOINT
c'est mieux!

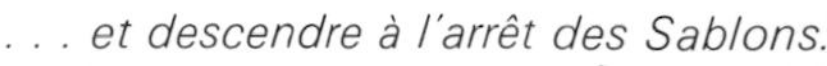

. . . et descendre à l'arrêt des Sablons.

NEUILLY
SABLONS
allez vivre
à la
montagne!..
ou buvez beaucoup d'eau d'evian

Les autobus parisiens

La R.A.T.P. est en train de modifier l'exploitation de son réseau routier et il n'est pas facile de se tenir au courant de tous les changements. Voici le principal de ce qu'il faut savoir pour utiliser les autobus parisiens.

Les vieux autobus d'avant-guerre avec leur plate-forme arrière ouverte où il est si agréable de rester debout quand il fait beau ont presque complètement disparu. Les nouveaux autobus sont de plusieurs types; comparez, par exemple, les autobus de la ligne 73, ceux de la ligne 95, les petits autobus bleus de la ligne 82, les autobus à impériale de la ligne 94, etc. Certains de ces nouveaux autobus ont deux agents (un machiniste et un receveur) et d'autres n'ont qu'un seul agent.

Dans les autobus à deux agents, la montée se fait par l'arrière et c'est le receveur qui vend les billets (en carnets ou au détail) et qui les oblitère; c'est lui aussi qui à chaque arrêt donne au machiniste le signal du départ. Dans les autobus à un seul agent, la montée se fait par l'avant et c'est le machiniste qui vend les billets (au détail seulement) et qui les oblitère.

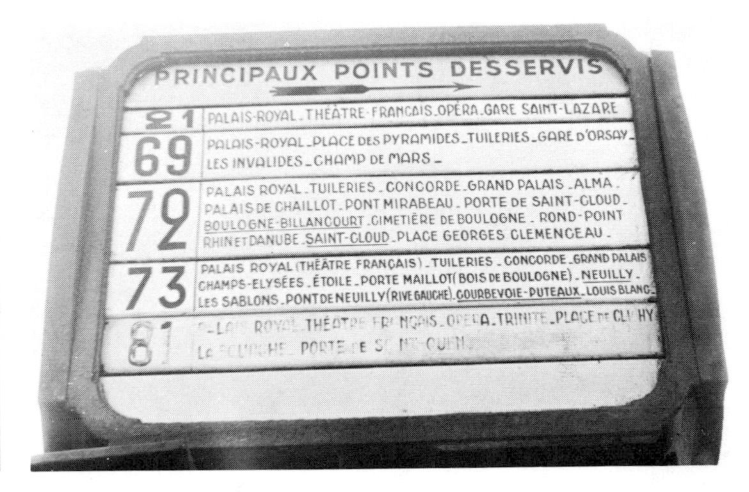

A chaque arrêt, il y a une plaque qui indique le numéro des lignes et les points desservis par les autobus. Une autre plaque indique les heures de passage des premiers et derniers autobus; remarquez que certains autobus ne roulent pas les dimanches et jours fériés.

Les voyageurs doivent se ranger en file sur le trottoir; à certains arrêts, il y a une machine qui distribue des numéros d'ordre. Pour obtenir l'arrêt de l'autobus, il faut faire signe au machiniste. Les personnes prioritaires (aveugles, mutilés de guerre, femmes enceintes, etc.) montent les premières; les autres personnes montent ensuite suivant leur ordre d'arrivée ou suivant l'ordre des numéros qu'elles ont tirés. S'il n'y a pas assez de place pour tout le monde, le receveur (ou le machiniste) crie "Complet" et les personnes qui n'ont pas pu monter doivent attendre l'autobus suivant.

MM. LES VOYAGEURS SONT TENUS DE SE
RANGER EN FILE SUR LE TROTTOIR
DANS LEUR ORDRE D'ARRIVÉE ET DE LAISSER MONTER D'ABORD
LES PERSONNES AYANT UN DROIT DE PRIORITÉ
QUI DOIVENT SE GROUPER EN DEHORS DE LA FILE D'ATTENTE

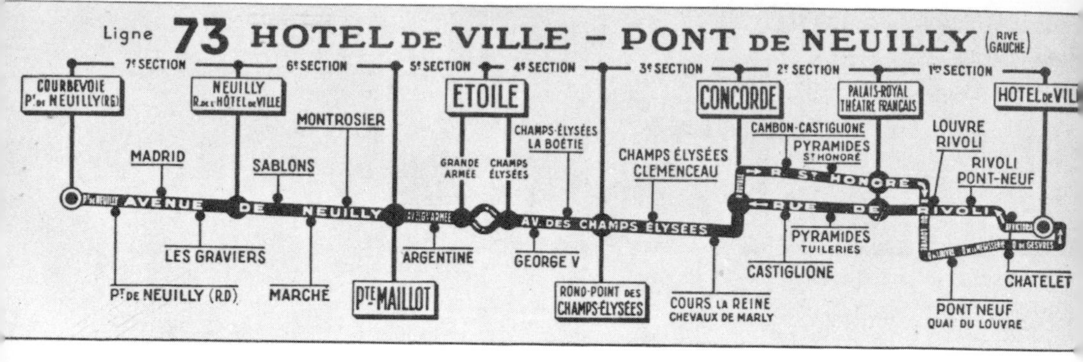

Dans les autobus, il n'y a qu'une seule classe. On paie suivant la longueur du trajet. La ligne est divisée en sections. Il faut donner un billet pour un trajet court (deux sections ou moins) et deux billets pour un trajet long (plus de deux sections). Pour aller du Palais-Royal aux Sablons, il faut donc donner deux billets. Si vous ne savez pas combien de sections il y a jusqu'à votre destination, dites au receveur (ou au machiniste dans les voitures à un seul agent) où vous désirez aller et il vous indiquera le nombre de billets que vous devez lui donner. Pour accélérer le service, la R.A.T.P. préfère que vous n'achetiez pas vos billets dans l'autobus; on vous recommande de les acheter dans les stations de métro ou chez les commerçants agréés.

Le receveur oblitère vos billets avec une machine spéciale et il vous les rend; vous devez les garder parce qu'un contrôleur peut vous les demander dans l'autobus ou à la descente (les chiffres et la lettre imprimés sur vos billets par la machine à oblitérer donnent au contrôleur tous les renseignements nécessaires pour s'assurer que vous n'êtes pas en situation irrégulière).

Dans l'autobus, comme dans le métro, il y a certaines places qui sont réservées par priorité aux aveugles, mutilés de guerre, femmes enceintes, etc. Naturellement vous pouvez vous y asseoir, mais vous devez céder votre place si l'une de ces personnes vous la demande.

Le schéma de la ligne est affiché à l'intérieur de la voiture. Pour descendre, il faut appuyer sur le bouton d'arrêt; un signal s'allume pour indiquer que quelqu'un a demandé l'arrêt et l'autobus s'arrête au prochain arrêt.

9 Retour à la maison

Une promenade en bateau-mouche termine cette première journée. Le bateau-mouche part du pont de l'Alma, remonte la Seine jusqu'à l'île Saint-Louis, fait le tour de l'île et revient à son point de départ. L'excursion dure à peu près une heure.

Marguerite et Suzanne descendent du bateau. Une surprise les attend . . .

Suzanne Alors, tu es contente de ta première journée à Paris?

Marguerite Oui, ça a été formidable. Quelle bonne idée de m'avoir emmenée faire une promenade en bateau-mouche!

Suzanne Quelle surprise! Voilà papa et maman; ils sont venus nous chercher.

Marguerite Comme c'est gentil! Vous avez une très jolie voiture.

Père Oui, elle est toute neuve.

Marguerite Je crois que je ne pourrais jamais m'habituer à conduire à droite.

Père Oh, on s'y habitue très vite. L'année dernière en Angleterre, je me suis tout de suite habitué à conduire à gauche. Avec le volant à droite, ça paraît tout naturel.

Mère Conduite à gauche ou conduite à droite, moi, je trouve que tu conduis beaucoup trop vite. . . . J'entends la police.

Père Mais non, il n'y a pas de danger. D'ailleurs nous voici arrivés.

Mère Marguerite, vous devez être morte de fatigue après une telle journée!

Marguerite Non, au contraire, je me sens très bien. Ça doit être la joie d'être en France avec vous.

Mère A quelle heure voulez-vous que je vous réveille demain matin ?

Suzanne De bonne heure, s'il te plaît. Nous avons beaucoup de choses à faire.

Marguerite Bonne nuit, monsieur, madame.

Suzanne Bonne nuit, papa, maman.

Mère Bonne nuit, les enfants.

Père Dormez bien.

Exercices structuraux

1 *Exemple* Le bateau va faire le tour de l'île?

Il a déjà fait le tour de l'île et il est revenu à son point de départ.

Le bateau va faire le tour de l'île?
Paul va faire le tour des monuments?
Vous allez faire le tour du marché, les enfants?
Paul et Marguerite vont faire le tour de l'exposition?
Suzanne va faire le tour de la ville?
Les détectives vont faire le tour du bâtiment?
Tu vas faire le tour du parc?

2 *Exemple* Vous allez me réveiller demain?

A quelle heure voulez-vous que je vous réveille?

Vous allez me réveiller demain?
Vous allez me téléphoner demain?
Vous allez me retrouver demain?
Vous allez me reconduire demain?
Vous allez m'emmener demain?
Vous allez me rejoindre demain?
Vous allez m'appeler demain?

3 *Exemple* Quelle journée! Cela a dû vous fatiguer.

Vous devez être fatigué après une telle journée.

Quelle journée! Cela a dû vous fatiguer.
Quelle épreuve! Cela a dû vous énerver.
Quel succès! Cela a dû vous satisfaire.
Quelle averse! Cela a dû vous tremper.
Quel événement! Cela a dû vous impressionner.
Quel incident! Cela a dû vous agacer.
Quel travail! Cela a dû vous épuiser.

4 *Exemple* Il m'a emmené faire une promenade en bateau-mouche.
Quelle bonne idée de vous avoir emmené faire une promenade en bateau-mouche.

Il m'a emmené faire une promenade en bateau-mouche.
Il m'a téléphoné à l'avance.
Je les ai présentés à mes amis.
Je lui ai envoyé votre photo.
Je les ai invités à dîner avec moi.
Je l'ai persuadé de venir vous rejoindre.
Je l'ai ramené dans ma voiture.

5 *Exemple* Je ne pourrais jamais m'habituer à conduire à droite.
Conduire à droite! Mais si, on s'y habitue très vite.

Je ne pourrais jamais m'habituer à conduire à droite.
Je ne pourrais jamais m'habituer à porter des lunettes.
Je ne pourrais jamais m'habituer à travailler le samedi.
Je ne pourrais jamais m'habituer à rouler à cent vingt à l'heure.
Je ne pourrais jamais m'habituer à habiter en ville.
Je ne pourrais jamais m'habituer à dormir sous la tente.
Je ne pourrais jamais m'habituer à me lever à cinq heures du matin.

Questions

Vous allez entendre six questions et réponses. Chaque question sera ensuite répétée et suivie d'une pause pendant laquelle vous donnerez votre réponse.

Comment est-ce que Marguerite termine sa première journée à Paris?

Combien de temps dure la promenade en bateau?

Quelle surprise attend les deux jeunes filles?

Pourquoi est-ce que monsieur Duparc s'est vite habitué à conduire à gauche pendant sa visite en Angleterre?

Pourquoi est-ce que madame Duparc a peur?

Pourquoi est-ce que les jeunes filles veulent être réveillées de bonne heure le lendemain?

Un bateau-mouche remonte la Seine.

La nuit, tout est illuminé

10 Le petit déjeuner

Un pamplemousse, des œufs, du jambon, des flocons d'avoine pour le petit déjeuner? Quelle horreur! Sur ce chapitre, les Français et les Anglo-Saxons sont très différents. Un bol de café au lait, du pain frais bien croustillant ou des croissants, du beurre et de la confiture constituent le petit déjeuner français.

Les Français sont bien d'accord qu'un bon café au lait exige du café très fort et du lait très chaud, mais comment les mélanger? Certains prétendent que le lait doit être versé dans le bol avant le café, d'autres affirment que c'est le contraire, et il y en a qui versent les deux en même temps. Il ne faut pas discuter des goûts et des couleurs dit un proverbe. . . .

Suzanne Bonjour, Marguerite. Tu as bien dormi?
Marguerite Bonjour, Suzanne. Oui, merci. Quelle belle journée, n'est-ce pas?
Suzanne Oui, il fait du soleil, mais il ne fait pas trop chaud.
Marguerite Un beau jour pour visiter Paris.

Suzanne Tu es prête maintenant?
Marguerite Oui. A quelle heure prenez-vous le petit déjeuner?
Suzanne A huit heures. Allons à la salle à manger; tout le monde est là, je crois.
Marguerite Bonjour, monsieur, madame.
Mère Bonjour, Marguerite. Voulez-vous du café au lait ou du chocolat?
Marguerite Du café au lait, s'il vous plaît. . . . Est-ce que les grandes personnes boivent du chocolat?
Mère En général, non, Ce sont surtout les enfants qui en boivent. Préférez-vous du pain ou des croissants? Ils sont tout frais.

Marguerite Les croissants ont l'air délicieux.
Suzanne Que prends-tu le matin en Angleterre?
Marguerite D'habitude du jus d'orange ou un pamplemousse, des œufs, du jambon, et du pain grillé.
Suzanne Veux-tu un petit déjeuner comme chez toi?
Marguerite Non, en France, je veux vivre comme les Français.

Exercices structuraux

1 *Exemple* Est-ce que les grandes personnes boivent du chocolat?
En général non; ce sont surtout les enfants qui en boivent.

Est-ce que les grandes personnes boivent du chocolat?
Est-ce que les grandes personnes vont au cirque?
Est-ce que les enfants boivent de la bière?
Est-ce que les grandes personnes font des bonshommes de neige?
Est-ce que les enfants jouent au bridge?
Est-ce que les grandes personnes vont à l'école?
Est-ce que les enfants paient des impôts?

2 *Exemple* Vous voulez un de ces croissants?
Je veux bien! Ils ont l'air délicieux.

Vous voulez un de ces croissants?
Vous voulez une tranche de ce melon?
Vous voulez une de ces pommes?
Vous voulez un de ces bonbons?
Vous voulez une cuillerée de cette confiture?
Vous voulez une coupe de ce champagne?
Vous voulez goûter à cette soupe?

3 *Exemple* Est-ce que la plupart des gens conduisent bien?
Malheureusement non. Il y en a qui conduisent très mal.

Est-ce que la plupart des gens conduisent bien?
Est-ce que la plupart des enfants écrivent bien?
Est-ce que la plupart des femmes cousent bien?
Est-ce que la plupart des hommes dansent bien?
Est-ce que la plupart des jeunes filles s'habillent bien?
Est-ce que la plupart des gens parlent bien?
Est-ce que la plupart des vieilles personnes dorment bien?

4 *Exemple* J'ai passé toute la journée à courir les magasins.
J'ai passé la journée entière à courir les magasins.

J'ai passé toute la journée à courir les magasins.
Nous allons rester tout un mois à la campagne.
La pluie a duré toute une semaine.
Grand-mère a passé toute sa vie dans ce village.
Il a été réprimandé devant toute la classe.
Toute la France a voté.
Toute la ville est inondée.

5 *Exemple* A quelle heure voulez-vous prendre le petit déjeuner? (9h00)
Neuf heures ne serait pas trop tard?

A quelle heure voulez-vous prendre le petit déjeuner? (9h00)
A quelle heure voulez-vous manger un casse-croûte? (10h45)
A quelle heure voulez-vous déjeuner? (1h30)
A quelle heure voulez-vous goûter? (5h15)
A quelle heure voulez-vous dîner? (8h30)
A quelle heure voulez-vous rentrer? (11h45)

Questions

Vous allez entendre six questions et réponses. Chaque question sera ensuite répétée et suivie d'une pause pendant laquelle vous donnerez votre réponse.

Qu'est-ce que Suzanne demande à son amie quand elle se réveille le matin?

Qu'est-ce qu'on mange en France pour le petit déjeuner?

Qu'est-ce que Marguerite prend généralement en Angleterre?

Qu'est-ce qu'on boit le matin en France?

Comment faut-il mélanger le lait et le café?

Est-ce que Marguerite veut prendre un petit déjeuner anglais?

Un petit déjeuner à la française.

Quelques produits alimentaires.

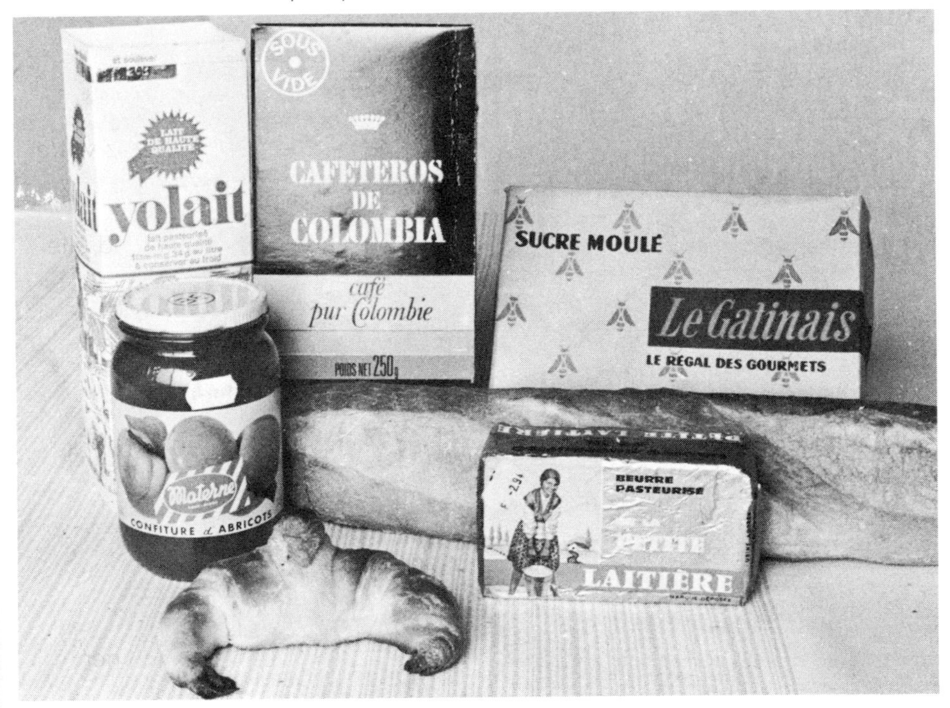

11 Au Café de la Paix

Voulez-vous vous reposer entre deux courses? Voulez-vous écrire quelques cartes postales tout en vous rafraîchissant? Avez-vous besoin de téléphoner? Voulez-vous tuer le temps en attendant le départ de votre train? Voulez-vous donner rendez-vous à vos amis? Avez-vous besoin de solitude? Allez au café. ...

Marguerite Il fait chaud, tu ne trouves pas?
Suzanne Allons boire quelque chose au Café de la Paix.
Marguerite C'est une bonne idée. J'ai soif.
Suzanne Veux-tu t'asseoir à la terrasse ou à l'intérieur?
Marguerite Installons-nous à la terrasse. Allons là-bas dans le coin; la table est à l'ombre.
Suzanne Qu'est-ce que tu prends?
Marguerite Un citron pressé, et toi?
Suzanne Un thé glacé. Garçon, un citron pressé et un thé glacé, s'il vous plaît.
Marguerite Ça fait du bien de se reposer. Je vais en profiter pour écrire quelques cartes postales.
Vendeur de journaux Voilà France-Soir! Voilà France-Soir!
Suzanne Et moi, je vais jeter un coup d'œil au journal. ...

Marguerite Ça y est, j'ai fini. Est-ce que les nouvelles sont meilleures?
Suzanne Non, rien d'encourageant. Je crois que tout va de mal en pis: la guerre froide, les menaces de grève générale, la jeunesse délinquante, les accidents de la route. ...
Marguerite Bah, il ne faut pas trop s'inquiéter. Tout finit toujours par s'arranger.
Suzanne Tu as raison. Ça ne sert à rien de se faire du mauvais sang. ... Garçon, combien est-ce que je vous dois?
Garçon Six francs dix, mademoiselle.
Suzanne Voici, gardez la monnaie.
Garçon Merci, mademoiselle.

Exercices structuraux

1 *Exemple* Il y a quelque chose d'intéressant dans le journal?
Non, rien d'intéressant aujourd'hui.

Il y a quelque chose d'intéressant dans le journal?
Il y a quelque chose de spécial sur le menu?
Il y a quelque chose de nouveau dans les vitrines?
Il y a quelque chose de sensationnel à la Bourse?
Il y a quelque chose d'encourageant dans les nouvelles?
Il y a quelque chose d'agréable dans votre courrier?
Il y a quelque chose d'extraordinaire dans la situation?

2 *Exemple* Qu'est-ce que Marguerite va faire pendant qu'elle se rafraîchit? (écrire des cartes postales)
Elle va écrire des cartes postales en se rafraîchissant.

Qu'est-ce que Marguerite va faire pendant qu'elle se rafraîchit? (écrire des cartes postales)
Que font les enfants pendant qu'ils jouent au volley-ball? (crier à tue-tête)
Que faisait Maman hier soir pendant qu'elle regardait la télévision? (tricoter)
Que fait Papa pendant qu'il attend l'autobus? (lire le journal)
Qu'est-ce que ton frère et toi allez faire pendant que vous attendez l'ouverture du musée? (prendre un café)
Qu'avez-vous fait pendant que vous descendiez dans l'ascenseur? (parler aux voisins)
Qu'est-ce que Suzanne fait pendant qu'elle prépare le repas? (goûter à tous les plats)

3 *Exemple* Si on s'asseyait à la terrasse?
Oui, asseyons-nous à la terrasse.

Si on s'asseyait à la terrasse?
Si on s'installait dans ce coin?
Si on se reposait sur la plage?
Si on se couchait avant minuit?
Si on s'arrêtait un moment?
Si on se baignait ce matin?
Si on se promenait avant le dîner?

4 Choisissez parmi les réponses suivantes celle qui convient à chacune des questions que vous allez entendre.

Non, tout va de mal en pis.
Je vais jeter un coup d'œil au journal.
C'est une bonne idée; j'ai soif.
Six francs dix, mademoiselle.
Installons-nous à la terrasse.
Il ne faut pas trop s'inquiéter. Tout finit toujours par s'arranger.

Maintenant écoutez les questions:

Que vas-tu faire pendant que j'écris mes cartes postales?
Garçon, combien est-ce que je vous dois?
Les nouvelles sont meilleures?
Veux-tu t'asseoir à la terrasse ou à l'intérieur?
Ne penses-tu pas que cette grève risque de gâter nos vacances?
Veux-tu boire quelque chose au Café de la Paix?

5 *Exemple* Reposez-vous! (écrire quelques cartes postales)
Ça fait du bien de se reposer. Je vais en profiter pour écrire quelques cartes postales.

Reposez-vous! (écrire quelques cartes postales)
Asseyez-vous au soleil! (se bronzer)
Allez revoir Paris! (téléphoner à tous ses amis)
Respirez l'air des montagnes! (faire de longues promenades)
Allez au bord de la mer! (faire du ski nautique)
Mangez dans un bon restaurant! (commander son plat favori)

Questions

Vous allez entendre six questions et réponses. Chaque question sera ensuite répétée et suivie d'une pause pendant laquelle vous donnerez votre réponse.

Pourquoi est-ce que Marguerite et Suzanne vont au Café de la Paix?

Où est-ce qu'elles s'asseyent?

Qu'est-ce que chacune prend?

Que fait Suzanne pendant que Marguerite écrit ses cartes postales?

Est-ce que les nouvelles sont bonnes?

Est-ce que Marguerite a l'air de s'en inquiéter?

Dans la plupart des cafés il faut laisser un pourboire, mais dans celui-ci le service est compris.

Le café

En France, le café est le lieu de rendez-vous des amis et des hommes d'affaires, des jeunes et des vieux, des ouvriers et des artistes. Les étudiants y vont après leurs cours pour échanger des idées. On peut y faire son courrier, lire les journaux, téléphoner, aussi bien que jouer aux cartes, aux dames, aux dominos, aux échecs, ou au billard. Pour attirer les jeunes, certains cafés ont installé des jeux et des machines qui leur permettent d'écouter les derniers tubes (les disques à grand succès).

Dans les petites villes de province (où la vie est encore souvent très calme), le café joue un rôle encore plus important qu'à Paris. Les amis s'y retrouvent pour prendre l'apéritif avant de rentrer déjeuner ou dîner à la maison. Après dîner, ils y retournent souvent pour une partie de cartes animée ou une partie de billard. Très souvent, le dimanche après-midi, les parents et les enfants s'installent à la terrasse d'un café et regardent les gens passer. C'est un divertissement anodin et qui ne coûte pas cher.

C'est à l'heure de l'apéritif (midi et sept heures) que les cafés sont le plus animés, mais il est rare qu'un café soit vide. Assis à une table ou debout au comptoir, on y trouve presque toujours quelqu'un calmant sa soif et sa faim avec un verre de vin, un demi ou un café accompagné d'un croissant, d'un croque-monsieur ou de quelque autre sandwich au fromage, au poulet froid ou au jambon.

Il est vrai, cependant, que le café peut être nuisible. Certains ouvriers dépensent une partie importante de leur salaire au café et leurs familles en souffrent. Le gouvernement lutte contre cette influence nocive des cafés par de vigoureuses campagnes contre l'alcoolisme et en restreignant la construction de cafés dans les nouveaux grands ensembles.
Voici, par exemple, le texte d'une annonce a la télévision: "Si un conducteur qui n'a pas bu risque de causer un accident, il risque d'avoir six accidents avec une alcoolémie de un gramme par litre de sang, vingt-cinq avec une alcoolémie de un gramme et demi, soixante avec une alcoolémie de deux grammes. Boire ou conduire, il faut choisir."

Dans la plupart des cafés il est possible d'acheter son journal préféré à un de ces vendeurs de journaux qui passent entre les tables.

Le journal reste la lecture principale de la plupart des Français. Les principaux journaux parisiens du matin sont: Le Figaro, L'Aurore, L'Humanité, Le Parisien Libéré, Combat, Paris-Jour. Les principaux journaux parisiens du soir sont: France-Soir, Paris-Presse, Le Monde, La Croix.

A part quelques exceptions comme Le Monde et Le Figaro, cette presse quotidienne s'intéresse assez peu aux études approfondies; elle consacre la plupart de ses colonnes aux faits divers. La presse périodique a, elle aussi, des publications qui s'adressent à un public avide de sensations et de scandales (France-Dimanche, par exemple), mais il y a des revues hebdomadaires et mensuelles qui analysent avec sérieux l'actualité culturelle et sociale (L'Express, Le Nouvel Observateur, Le Figaro Littéraire, etc.). Il ne faut pas oublier la presse sportive (L'Equipe), la presse satirique (Le Canard Enchaîné), la presse des jeunes (Salut les Copains), la presse féminine (Elle, Marie-Claire), les journaux de modes (L'Echo de la Mode), et les magazines de caractère familial (Paris-Match, Jours de France).

12 Marguerite demande son chemin

Cet après-midi, Marguerite est sortie sans son guide Taride et elle s'est complètement perdue dans le labyrinthe des petites rues qui entourent l'église Saint-Sulpice. Heureusement, ce ne sont pas les agents de police qui manquent à Paris. ...

Marguerite	Pardon, monsieur l'agent. Je me suis trompée de chemin et je suis complètement perdue. Où est le Panthéon?
Agent	Vous voulez y aller à pied?
Marguerite	Oui, si ce n'est pas trop loin.
Agent	Dans ce cas, prenez la première rue à droite, elle vous conduira rue de Vaugirard; tournez à gauche et allez tout droit jusqu'au boulevard Saint-Michel; traversez le boulevard; en face, vous trouverez la rue Cujas; remontez-la jusqu'à la place du Panthéon et vous y êtes. Vous avez compris?
Marguerite	Je crois que c'est un peu trop compliqué pour moi. Je ferais peut-être mieux de prendre le métro.
Agent	Par le métro, ce n'est pas commode, mais vous pouvez prendre l'autobus. Le 84 s'arrête juste en face du Panthéon. Vous avez un arrêt là-bas au coin de la rue et à cette heure-ci il en passe un toutes les dix minutes.
Marguerite	Merci, monsieur.
Agent	A votre service, mademoiselle.

Exercices structuraux

1 *Exemple* Nous sommes complètement perdus. Demandons notre chemin à cet agent de police.
Nous sommes complètement perdus. Nous ferions mieux de demander notre chemin à cet agent de police.

Nous sommes complètement perdus. Demandons notre chemin à cet agent de police.
Tu t'es trompé de ligne. Regarde le plan du métro.
Il y a trop de monde en deuxième classe. Montez en première.
Nous ne pouvons pas y aller à pied. Prenons un taxi.
Le super est trop cher. Fais le plein avec de l'essence ordinaire.
Le cinéma me fatigue les yeux. Allons voir une pièce de théâtre.
Les magasins sont fermés le lundi. Achète de la nourriture pour deux jours.
A Noël les trains sont bondés. Retenez vos places trois semaines à l'avance.

2 *Exemple* Pardon, monsieur, le musée du Louvre, c'est par ici? (tourner à gauche)
Mais non, mademoiselle, vous vous êtes trompée de chemin, il faut tourner à gauche.

Pardon, monsieur, le musée du Louvre, c'est par ici? (tourner à gauche)
Pardon, monsieur, les Invalides, c'est par ici? (descendre cette rue)
Pardon, monsieur, la gare du Nord, c'est par ici? (tourner à droite)
Pardon monsieur, l'Arc de Triomphe, c'est par ici? (prendre les Champs-Elysées)
Pardon, monsieur, le Café de la Paix, c'est par ici? (aller tout droit)
Pardon, monsieur, le Panthéon, c'est par ici? (remonter le Boulevard Saint-Michel)
Pardon, monsieur, la Tour Eiffel, c'est par ici? (traverser la Seine)
Pardon, monsieur, l'Opéra, c'est par ici? (prendre la deuxième rue à gauche)

3 *Exemple* Il faut longtemps pour aller à la Sainte-Chapelle à pied? ($\frac{1}{2}$h.)
Oh, ce n'est pas trop loin. Pour y aller à pied, il faut une demi-heure.

Il faut longtemps pour aller à la Sainte-Chapelle à pied? ($\frac{1}{2}$h.)
Il faut longtemps pour aller à Melun par le train? (45m.)
Il faut longtemps pour aller au Bois de Boulogne à bicyclette? (25m.)
Il faut longtemps pour aller au Zoo de Vincennes en autobus? (35m.)
Il faut longtemps pour aller à la Comédie-Française en taxi? (15m.)
Il faut longtemps pour aller en Angleterre en avion? (50m.)
Il faut longtemps pour aller à Lyon par le rapide? (4h. 15m.)

4 *Exemple* Allons-nous descendre au prochain arrêt?
Oui, il me semble qu'il vaut mieux descendre au prochain arrêt.

Allons-nous descendre au prochain arrêt?
Faut-il se lever de bonne heure demain matin?
Voulez-vous prendre la voiture?
Allons-nous faire le trajet en taxi?
Faut-il payer la note tout de suite?
Faut-il tout déclarer à la douane?
Préférez-vous pique-niquer plutôt que de manger au restaurant?

5 *Exemple* Je suis sûr que je t'ai indiqué le bon chemin.
Eh bien, je me suis trompé de chemin.

Je suis sûr que je t'ai indiqué le bon chemin.
C'est le Guide Bleu que Marguerite aurait dû acheter.
Mais je vous ai dit à tous les deux qu'il fallait descendre à la station Concorde.
Nous nous demandons pourquoi l'autobus que nous avons pris n'a pas traversé le pont.
C'est à la gare St. Lazare qu'il devait m'attendre.
Regarde, maman! Papa porte une valise qui n'est pas la sienne.
Le livre que la bibliothécaire m'a donné n'est pas celui que j'ai demandé.

Questions

Vous allez entendre sept questions et réponses. Chaque question sera ensuite répétée et suivie d'une pause pendant laquelle vous donnerez votre réponse.

Qu'est-ce que Marguerite a oublié d'apporter cet après-midi?

Pourquoi est-il facile de se perdre près de l'église Saint-Sulpice?

Que dit-elle à l'agent de police?

Pourquoi décide-t-elle de ne pas aller au Panthéon à pied?

Quelle ligne d'autobus est-ce que l'agent lui conseille de prendre?

Où se trouve l'arrêt d'autobus?

Devra-t-elle attendre longtemps?

13 En haut de la Tour Eiffel

Comme la plupart des Parisiens, Suzanne n'a jamais visité les catacombes, ne s'est jamais aventurée dans les égouts et n'est jamais montée en haut de la Tour Eiffel. Mais Marguerite ne veut rien manquer et aujourd'hui nous la retrouvons au pied de la Tour Eiffel. Suzanne, Paul et son ami Henri l'accompagnent.

Marguerite	Eh bien, nous voici au pied de la Tour Eiffel. C'est impressionnant.
Henri	On monte à pied?
Suzanne	Ah, non alors! Trois cents mètres! C'est trop haut pour moi!
Paul	Bon, prenons l'ascenseur! C'est sept francs pour monter au troisième étage.
Employé	Alors, pour la montée ... Là-bas!
Suzanne	Oh là là! Si j'avais su, je serais restée en bas. Si le câble casse, adieu Suzanne.
Paul	Allons, n'aie pas peur! Des millions de gens sont montés et il n'y a jamais eu d'accidents.
Employé	Premier étage! Les tickets verts, s'il vous plaît! ... Restaurant!
Employé	Deuxième étage! Tout le monde descend! Changez d'ascenseur pour le troisième!
Employé	Changement de cabine!

Employé Terminus! La sortie de ce côté!
Henri Nous voici arrivés. Regardez. Vous pouvez voir tout Paris.

Paul Si nous allions boire quelque chose au deuxième étage?

Suzanne Oh! Quel coup de vent! Attention à ton chapeau!
Marguerite Trop tard! Regarde-le. Il vole vers le pont.
Paul Je parie qu'il va tomber sur la tête de l'agent de police.
Marguerite Et c'était mon plus beau chapeau!

Exercices structuraux

1 *Exemple* Attention à ton chapeau!
Trop tard! Il vient de tomber et c'était mon plus beau chapeau.

Attention à ton chapeau!
Attention à ta poupée!
Attention à ton foulard!
Attention à ton étui à cigarettes!
Attention à tes gants!
Attention à ton vase en cristal!
Attention à tes assiettes!

2 *Exemple* Où est-ce que Marguerite a perdu son chapeau?
C'est tout près d'ici qu'elle l'a perdu.

Où est-ce que Marguerite a perdu son chapeau?
Où est-ce que la dame a laissé tomber les billets?
Où est-ce que madame Courvoisier a acheté son billet de loterie?
Où est-ce que Suzanne et Marguerite ont vu notre ami?
Où est-ce que l'agent a arrêté les voleurs?
Où est-ce que les touristes ont écrit leurs cartes postales?
Où avez-vous pris cette photo?

3 *Exemple* Je n'aurais pas dû rester en bas.
Si j'avais su, je ne serais pas resté en bas.

Je n'aurais pas dû rester en bas.
Paul n'aurait pas dû rentrer tout de suite.
Les invités n'auraient pas dû arriver en retard.
Les étudiantes n'auraient pas dû devenir professeurs.
Le touriste n'aurait pas dû descendre à pied.
Mon ami n'aurait pas dû venir si tôt.
Les invités n'auraient pas dû partir avant minuit.

4 *Exemple* Pour aller à Versailles, peut-on rester dans cet autobus?
Mais non, pour aller à Versailles il faut changer d'autobus.

Pour aller à Versailles, peut-on rester dans cet autobus?
Pour aller au quatrième étage, peut-on rester dans cet ascenseur?
Pour aller à la Porte des Lilas, peut-on rester sur cette ligne?
Pour aller en montagne, peut-on rester en chaussures de ville?
Pour aller à Tokyo, peut-on rester dans cet avion?
Pour bien voir ce film, peut-on rester à cette place?

5 *Exemple* Les accidents vous ont effrayé?
Mais il n'y a jamais eu d'accidents.

Les accidents vous ont effrayé?
L'incendie a détruit l'immeuble?
La grève a occasionné des retards?
Le mauvais temps a gâté vos vacances?
Les malentendus entre les Français et les Anglais vous ont gêné?
Les querelles des garçons vous ont ennuyé?
Le bruit vous a empêché de dormir?

6 *Exemple* J'ai peur que tu perdes ton chapeau.
N'aie pas peur. Je ne le perdrai pas.

J'ai peur que tu perdes ton chapeau.
J'ai peur que tu partes sans moi.
J'ai peur que ce chien me morde.
J'ai peur qu'elle vous reconnaisse.
J'ai peur qu'ils me posent des questions.
J'ai peur que tu te trompes.
J'ai peur que tu te brûles les mains.

Questions

Vous allez entendre six questions et réponses. Chaque question sera ensuite répétée et suivie d'une pause pendant laquelle vous donnerez votre réponse.

Est-ce que la plupart des Parisiens ont visité les monuments de leur ville?

Qui accompagne Marguerite à la Tour Eiffel?

Quelle est la hauteur de la tour?

De quoi est-ce que Suzanne a peur?

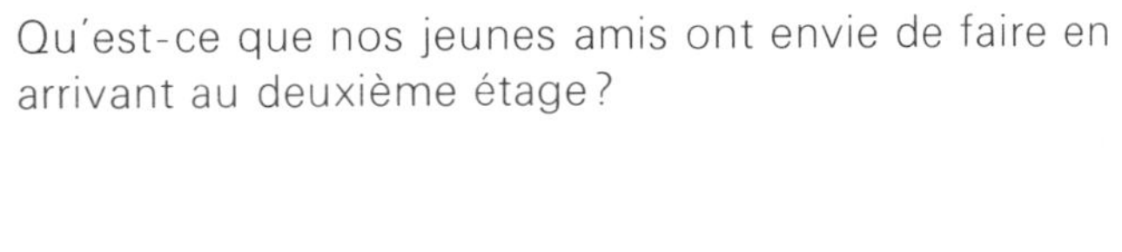

Comment est-ce que son frère essaie de la rassurer?

Qu'est-ce que nos jeunes amis ont envie de faire en arrivant au deuxième étage?

14 La télévision

Que faire quand il pleut à verse et qu'on est obligé de rester à la maison? Lire un livre, faire des mots-croisés, jouer du piano, jouer aux cartes ou aux échecs, bavarder, écouter la radio. . . . ?

Suzanne Nous ne pouvons vraiment pas sortir.
Marguerite Qu'allons-nous faire?
Suzanne Veux-tu que nous regardions la télévision? Tu pourrais me dire quelles différences il y a entre la télévision anglaise et la télévision française.
Marguerite C'est une bonne idée. Depuis quand avez-vous un téléviseur?
Suzanne Depuis cinq ou six mois seulement. Il m'a fallu longtemps pour convaincre mes parents.
Marguerite Pourquoi?
Suzanne Mon père est comme la plupart des intellectuels; il pense que la télévision fait plus de mal que de bien. Il ne la regarde presque jamais.
Marguerite Combien de chaînes y a-t-il à Paris?
Suzanne Nous n'en avons que deux, mais on parle d'en établir une troisième.
Marguerite Est-ce que les programmes sont intéressants?
Suzanne Ça dépend des jours. Les téléspectateurs aiment surtout les émissions de variétés, les pièces de théâtre, les feuilletons, les compétitions sportives retransmises en direct. . . .

Marguerite Et les films?
Suzanne Oui, bien sûr, surtout les films policiers.
Marguerite Est-ce que les informations sont impartiales?
Suzanne C'est justement l'heure du journal télévisé, tu vas pouvoir en juger par toi-même. Approchons les fauteuils et allumons le poste.
Poste Mesdames, mesdemoiselles, messieurs, bonsoir. Donc pour ce Télé-Soir, nous allons observer la trêve de ce samedi, un samedi placé entre la fin de la campagne hier soir minuit et le début du scrutin demain matin huit heures. . . .

Exercices structuraux

1 *Exemple* Est-ce que votre père regarde souvent la télévision?
Non, il ne la regarde presque jamais.

Est-ce que votre père regarde souvent la télévision?
Est-ce que vous écoutez souvent la radio?
Est-ce que les enfants boivent du thé?
Est-ce que Suzanne joue au bridge?
Est-ce que vous achetez le Monde?
Est-ce que vous jouez souvent de la guitare?
Est-ce que vous voyez souvent vos cousins?

2 *Exemple* Combien de temps as-tu mis pour convaincre tes parents (longtemps)
Il m'a fallu longtemps pour les convaincre.

Combien de temps as-tu mis pour convaincre tes parents? (longtemps)
Combien de temps as-tu mis pour trouver ce taxi? (15 minutes)
Combien de temps as-tu mis pour apprendre ton rôle? (des semaines)
Combien de temps as-tu mis pour terminer ton roman? (des années)
Combien de temps as-tu mis pour préparer l'émission? (plusieurs jours)
Combien de temps as-tu mis pour comprendre ce problème? (pas mal de temps)
Combien de temps as-tu mis pour payer le téléviseur? (six mois)

3 *Exemple* On va établir une nouvelle chaîne de télévision? Mais combien y en a-t-il déjà?
Il n'y en a que deux pour le moment, mais on parle d'en établir une troisième.

On va établir une nouvelle chaîne de télévision? Mais combien y en a-t-il déjà?
On va créer un nouveau feuilleton? Mais combien y en a-t-il déjà?
On va former un nouvel orchestre? Mais combien y en a-t-il déjà?
On va construire une nouvelle autoroute? Mais combien y en a-t-il déjà?
On va ouvrir un nouveau supermarché? Mais combien y en a-t-il déjà?
On va organiser une nouvelle équipe de football? Mais combien y en a-t-il déjà?
On va inaugurer une nouvelle bibliothèque? Mais combien y en a-t-il déjà?

4 *Exemple* Il pleut à verse et je suis obligé de rester à la maison.
Que faire quand il pleut à verse et qu'on est obligé de rester à la maison?

Il pleut à verse et je suis obligé de rester à la maison.
Il y a du brouillard et je suis obligé de partir en auto.
L'électricité est coupée et je suis obligée de préparer un repas.
L'auto est en panne et je suis obligé d'aller chercher des invités.
Je n'ai pas de monnaie et je suis obligé de téléphoner.
Il n'y a pas de cabine téléphonique et je suis obligé d'appeler la police.
Le bureau de poste est fermé et je suis obligé d'envoyer un télégramme.

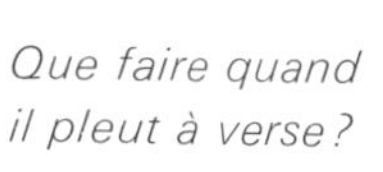
Que faire quand il pleut à verse?

5 *Exemple* Tu aimes ce programme? (supporter)
Je ne peux vraiment pas le supporter.

Tu aimes ce programme? (supporter)
Marguerite a peur des taxis parisiens? (s'y habituer)
Tu vas me rendre le livre que je t'ai prêté? (trouver)
Toi et Marguerite vous allez prendre vos imperméables? (sortir)
Ce nouveau roman te plaît? (comprendre)
Marguerite se sert de son guide Taride? (s'en passer)
Les étudiants aiment les cours du professeur de philosophie? (suivre)
Monsieur Duparc aime les transistors? (sentir)

Questions

Vous allez entendre six questions et réponses. Chaque question sera ensuite répétée et suivie d'une pause pendant laquelle vous donnerez votre réponse.

Pourquoi est-ce que Suzanne et Marguerite ne peuvent pas sortir?

Depuis combien de temps est-ce que les Duparc ont un téléviseur?

Est-ce que les parents de Suzanne ont été faciles à convaincre?

Qu'est-ce que la plupart des intellectuels pensent de la télévision?

Est-ce que monsieur Duparc la regarde souvent?

De quoi est-ce que Marguerite va pouvoir juger par elle-même?

La radio et la télévision en France

Puisqu'il pleut à verse, Marguerite et Suzanne ne peuvent pas sortir. Elles vont regarder la télévision et Suzanne va expliquer à Marguerite comment la radio et la télévision françaises fonctionnent.

Les stations françaises de radio et de télévision sont dirigées par l'O.R.T.F. (Office de Radiodiffusion-Télévision Française). L'O.R.T.F. est géré par un conseil d'administration composé de membres représentant le gouvernement et de membres représentant les auditeurs et téléspectateurs, la presse etc. Tous les possesseurs d'un poste de radio ou de télévision doivent payer une redevance annuelle. La redevance maximum est de cent francs (quel que soit le nombre de postes de télévision et de radio que vous possédiez); la redevance est de trente francs si vous n'avez que la radio (quel que soit le nombre de postes que vous possédiez).

La radio

L'O.R.T.F. a quatre chaînes de radio: France-Inter, Inter-Variétés, France-Culture, et France-Musique; leurs programmes sont relayés par des stations régionales (Paris, Lyon, Marseille, etc.). Ces chaînes de radio n'ont pas d'émissions publicitaires, mais il y a quelques annonces pour les organismes publics et ceux qui dépendent du gouvernement: R.A.T.P., Loterie Nationale, Electricité de France, etc. Voici, par exemple, ce que vous pouvez entendre: "Et n'oubliez pas également ces trois billets entiers de la Loterie Nationale; j'espère que vous serez millionnaire au prochain tirage".

En plus de l'O.R.T.F., il y a trois compagnies qui diffusent des programmes pour la France: Luxembourg (RTL), Europe 1, et Monte-Carlo. Ces stations ont énormément de messages publicitaires mais, malgré cela, elles sont très populaires; en effet, les sondages d'opinion publique révèlent que la moitié des Français environ préfèrent écouter ces postes périphériques plutôt que l'O.R.T.F.
Voici quelques extraits:

(RTL) Il y a du nouveau chez Lip, NL 80, par exemple, la montre de plongée féminine; électronique, la NL 80 ne se remonte jamais. Allez donc la voir chez votre horloger.

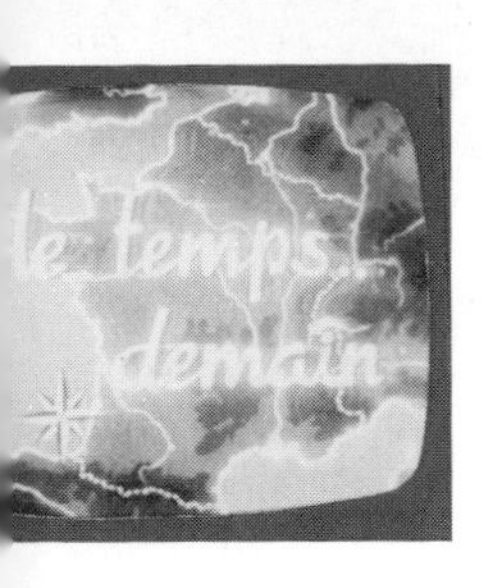

Montres Lip à partir de quatre-vingt-dix-neuf francs. Lip vous garantit l'heure exacte; au troisième top, il sera exactement huit heures . . . Tip, top, tap . . . Troisième top, il était exactement huit heures. Lip, c'est l'heure . . . Le maire de Bordeaux reprend ce matin ses consultations; on connaîtra ce soir la liste de ses ministres. Quinze Egyptiens qui gardaient une station de radar à dix kilomètres au sud de Suez ont été tués par un commando israélien . . . Il est huit heures quatre minutes à RTL. Je suis désolé, je suis navré, nous sommes le dimanche 22 juin 1969, mais oui, je suis vraiment navré de devoir vous réveiller ce matin. Vous n'avez pas le droit de faire la grasse matinée, c'est immoral; il n'y a pas de raison que je sois ici debout, bien levé et que vous dormiez. Ce matin, j'ai déjà eu sept minutes et demie de beau temps en venant de l'hôtel -mauvais hôtel d'ailleurs- en venant de l'hôtel jusqu'ici et puis dès que j'ai mis le pied dans la maison, hop, il a plu. Par conséquent, rassurez-vous, il pleut. Si vous voulez rester chez vous, je vous y autorise exceptionnellement. Voilà! Ah, mais dites donc Monsieur Aznavour . . . Comme l'eau, le feu, le vent . . . Allez . . .

(Europe 1) Voilà il est dix heures onze minutes. L'Heure de la Vérité, Maître René Floriot vous parle . . . Eh bien, je vais continuer à passer en revue pour vous les différentes phases d'un procès d'assises. Rassurez-vous, ce sera bientôt fini; dimanche prochain, j'aurai terminé. Alors, nous supposons que le dernier expert vient de quitter la barre et la Cour va maintenant entendre les témoins. Parler de la fragilité du témoignage humain est devenu un lieu commun. Malheureusement, aux assises, les témoignages jouent un rôle capital . . . Je reviendrai vous présenter Musicorama tout à l'heure avec un autre Robert. Que voulez-vous, c'est la maison des Robert et des Maurice ici. D'ici là, bonne fête aux Colin, bonne fête à tous et à tout à l'heure. Au revoir . . . Eh bien, dans quelques instants, des informations, pour ne pas dire le flash. Il est midi trente secondes. Voici Jean Pichon. Un nouveau mouvement politique est né aujourd'hui en France. C'est le C.D.P., le Centre Démocratie et Progrès. Son président est monsieur Duhamel, l'actuel ministre de l'Agriculture.. . . Mais aujourd'hui, vendredi, vous faites en plus votre journée à l'eau d'Evian pour perdre quelques centaines de grammes. Chaque vendredi, l'eau d'Evian et Europe 1 vous proposent un petit régime Evian. Profitez de la plage pour faire de l'exercice et mangez légèrement et buvez beaucoup d'eau d'Evian. L'eau

d'Evian élimine les toxines qui provoquent fatigue et embonpoint. Alors vivent les vacances avec Evian . . . Pour gagner, c'est facile, vous nous envoyez une petite carte postale avec les trois numéros des trois chansons qui à votre avis seront classées en tête dimanche prochain et, bien sûr, le nombre d'auditeurs qui auront désigné en numéro un la chanson gagnante et vous pouvez envoyer plusieurs cartes postales, d'ailleurs. Voici deux des chansons en jeu cette semaine. D'abord, la chanson classée numéro neuf, Léo Ferré, C'est extra quand même . . .

Les journaux français publient aussi les programmes de certaines stations étrangères (Bruxelles, Sottens, etc.) qui ont des émissions susceptibles d'intéresser les Français.

La télévision

L'O.R.T.F. a deux chaînes. La première chaîne émet sur 819 lignes en VHF. La deuxième chaîne émet sur 625 lignes en UHF et la plupart de ses programmes sont en couleur. Ces deux chaînes sont relayées par des stations régionales (par exemple, la première chaîne se trouve sur le canal 8 à Paris, sur le canal 5 à Lyon, etc.). Il y aura peut-être bientôt une troisième chaîne.

L'O.R.T.F. diffuse des programmes scolaires, des documentaires, des pièces de théâtre, des films, des émissions de variétés, des feuilletons, des reportages sportifs, des conseils pour l'achat des produits d'alimentation, les prévisions de la météo, etc. Les informations sont présentées plusieurs fois par jour: bulletins de nouvelles, actualités télévisées, journal télévisé. Les émissions peuvent être en direct ou en différé. Certaines émissions sont faites en coopération avec les autres pays d'Europe (Eurovision) ou d'autres parties du monde (Mondovision).

Il y a des annonces destinées à soutenir les organismes publics et les secteurs économiques d'intérêt national lorsqu'ils sont en difficulté (producteurs de lait, industrie du verre, etc.). La publicité de marques a été autorisée par le gouvernement en 1968, mais elle est limitée à huit minutes par jour et ne peut pas être diffusée au cours d'un programme (par exemple, il n'est pas permis d'interrompre la présentation d'un film pour diffuser un message publicitaire); seuls certains secteurs économiques sont autorisés à faire de la publicité de marques (textile, électroménager, alimentation, etc.).

Les Français qui habitent près des frontières peuvent aussi capter les stations de télévision étrangères (belges, luxembourgeoises, suisses, monégasques); par exemple, ceux qui habitent à Lille peuvent regarder les programmes belges.

1ère CHAINE — VENDREDI 9 JUIN

9.30 TÉLÉVISION SCOLAIRE
Ⓙ
MATHEMATIQUES
Classe de quatrième
Eclipses

10.05 *MATHEMATIQUES*
Classe de sixième — Série A
Heures — Fuseaux horaires

10.25 Arrêt des émissions

12.30 PARIS-CLUB
Une émission de Jacques CHABANNES
avec Francis COVER

13.00 TÉLÉ-MIDI

13.20 Les cours de la Bourse

13.30 Arrêt des émissions

14.05 TÉLÉVISION SCOLAIRE
Ⓙ
MIEUX VOIR
Cours moyen 1re et 2e année, F.E.P., classe de transition
Paris révolutionnaire (les Français sont mécontents en 1789)

14.30 Arrêt des émissions

15.30 Eurovision
De Roland-Garros :
TENNIS : COUPE DAVIS
Demi-finale zone européenne
FRANCE - AFRIQUE DU SUD
Commentaires de Claude DARGET

18.05 MAGAZINE FÉMININ
Une émission de Maïté CELERIER DE SANOIS
Le yacht-club
Gants pour toutes les heures
Perruques imperméables
Petite maison à faire soi-même
Le café et nous
Une robe en toile
VOIR PAGE 127

18.35 L'AVENIR EST A VOUS
Ⓙ
Une émission de Françoise DUMAYET
LES AFRICAINS DANS LA MAYENNE
Réalisation de Jean-Pierre CHARTIER
Pendant les vacances de Pâques, des étudiants noirs, stagiaires en agronomie, ont séjourné dans des familles d'agriculteurs de certains villages de la Mayenne. Quel accueil leur a-t-on réservé ?

19.20 LE PETIT LION
Ⓙ
A DOS DE LION
Le grand Yaka, décidément bien capricieux, a une nouvelle lubie : il veut monter à dos de lion.

19.25 DE NOS ENVOYÉS SPÉCIAUX
Scénario de Daniel CAUCHY
Dialogues de Jean AMADOU
Musique de Gérard GUSTIN
TRESOR ET OUBLIETTES
(I)
Réalisation de Louis GROSPIERRE

19.40 ACTUALITÉS RÉGIONALES

19.55 Annonces, météo et Télex-consommateurs

20.00 TÉLÉ-SOIR

20.30

LA PISTE AUX ÉTOILES DE GILLES MARGARITIS

21.30 CET ÉTÉ... EN FRANCE
Une émission du Commissariat Général au Tourisme
LES MANIFESTATIONS FOLKLORIQUES EN FRANCE

21.40 Eurovision
ATHLÉTISME : MEMORIAL PAUL-MERICAMP
Deuxième journée

22.30 JUGEZ VOUS-MÊME
Une tribune de Jacques LEGRIS
Réalisation d'Antonia CALVIN

22.50 TÉLÉ-NUIT

23.10 Fin des émissions de la 1re Chaine

15 A la Comédie-Française

Racine et Molière sont les auteurs favoris de Marguerite et elle s'est promis de voir autant de leurs pièces que possible. Hier, à la télévision, elle a vu *Dom Juan* en costume moderne. La semaine prochaine, elle ira dans un théâtre de banlieue pour assister à une représentation de *Phèdre*. Ce soir, elle sera parmi les spectateurs qui, à la Comédie-Française, applaudiront une nouvelle interprétation du *Malade Imaginaire*.

Suzanne Nous voici arrivées à la Comédie-Française.
Marguerite Quelle foule! Heureusement que nous avons loué nos places la semaine dernière.
Suzanne Un programme, monsieur. Combien?
Vendeur Il me coûte trois francs, mademoiselle.
Marguerite Pourquoi lui as-tu donné trois francs cinquante?
Suzanne Il faut toujours donner un pourboire.
Ouvreuse Vos billets, mesdemoiselles?
Suzanne Voici, madame.
Ouvreuse Ces deux places près de monsieur, s'il vous plaît. Merci, mademoiselle.
Marguerite Encore un pourboire!
Suzanne Oui, c'est la coutume. Mais, tu sais, en France les places de théâtre sont beaucoup moins chères qu'en Angleterre.

Marguerite Qu'est-ce que ça veut dire?
Suzanne Ça veut dire que la pièce va commencer.

Exercices structuraux

1 *Exemple* Elle va voir encore une pièce de Molière?
Oui, elle s'est promis de voir autant de ses pièces que possible.

Elle va voir encore une pièce de Molière?
Elle va lire encore un roman de Simenon?
Elle va apprendre encore un poème de Baudelaire?
Elle va étudier encore une œuvre de Voltaire?
Elle va photographier encore un bâtiment de Le Corbusier?
Elle va écouter encore une symphonie de Berlioz?
Elle va acheter encore un disque de Georges Brassens?

2 *Exemple* Les places de théâtre sont aussi chères à Toulouse qu'à Paris?
Non, à Toulouse elles sont beaucoup moins chères qu'à Paris.

Les places de théâtre sont aussi chères à Toulouse qu'à Paris?
Les romans de Huysmans sont aussi passionnants que ceux de Dumas?
Le Sauternes est aussi sec que le Muscadet?
Les moustiques sont aussi nombreux en hiver qu'en été?
Il fait aussi chaud en Normandie qu'en Provence?
Le climat de l'Alsace est aussi pluvieux que celui de la Bretagne?
La basilique du Sacré-Coeur est aussi ancienne que Notre Dame?

3 *Exemple* Vous avez loué les places de théâtre? (la semaine dernière)
Oui, heureusement que nous les avons louées la semaine dernière!

Vous avez loué les places de théâtre? (la semaine dernière)
Tu es allé à la banque? (avant la fermeture)
Ont-ils déclaré les bouteilles de champagne? (avant la fouille des bagages)
A-t-il réussi à son examen? (à la session de juin)
Elle a assez de monnaie? (pour le pourboire)
Vous avez fini vos courses? (avant la pluie)
Est-ce que votre mère a assez de pain? (pour le week-end)

4 *Exemple* Maman, j'ai donné deux francs au garçon.
Pourquoi lui as-tu donné deux francs?

Maman, j'ai donné deux francs au garçon.
Nous avons offert un cadeau aux enfants.
Marguerite a envoyé un télégramme à Suzanne.
Ils ont montré la basilique à leurs amis.
Le guide a interdit l'entrée aux jeunes filles en short.
J'ai écrit une lettre au professeur.
Paul a demandé de l'argent à Marguerite.

5 *Exemple* Le programme me coûte trois francs, a dit l'ouvreuse.
L'ouvreuse a dit que le programme lui coûtait trois francs.

Le programme me coûte trois francs, a dit l'ouvreuse.
Pourquoi as-tu donné trois francs cinquante à l'ouvreuse, Suzanne? a demandé Marguerite.
Il faut lui donner un pourboire, a dit Suzanne.
Les places de théâtre sont moins chères qu'en Angleterre, a dit Marguerite.
Qu'est-ce que ça veut dire? a demandé Marguerite.
Je me suis promis de voir toutes les pièces de Molière, a dit Marguerite.
La semaine prochaine nous irons dans un théâtre de banlieue, a dit Suzanne.

Questions

Vous allez entendre six questions et réponses. Chaque question sera ensuite répétée et suivie d'une pause pendant laquelle vous donnerez votre réponse.

Quels sont les auteurs préférés de Marguerite?

Que s'est-elle promis de faire?

Qu'a-t-elle vu à la télévision hier soir?

Pourquoi ira-t-elle en banlieue la semaine prochaine?

Est-ce que les jeunes filles doivent attendre au guichet pour louer leurs places?

A qui faut-il donner un pourboire quand on va au théâtre?

Voici la Comédie-Française, fondée en 1680.

ENTRÉE
LA LOCATION SE FAIT
DE 11H. À 18H.
ET POUR LA REPRÉSENTATION
DU JOUR
JUSQU'À L'OUVERTURE
DU BUREAU

LOCATION
OUVERTURE
UNE SEMAINE À L'AVANCE JOUR POUR JOUR
LE LUNDI À 11h POUR LE LUNDI SUIVANT
LE MARDI À 11h POUR LE MARDI SUIVANT
ET AINSI DE SUITE DIMANCHE COMPRIS
PRIX DES PLACES
Avant-Scène 1ères Loges 9f50
Avant-Scène 2èmes Loges 3f50
Baignoires de Face 11f50
Baignoires de côté 7f00
Orchestres et Strapontins 20f00
Balcon 1er rang 20f00
Balcon 2e et 3e rangs de Face 20f00
Balcon 2e rang de côté 14f50
Premières Loges de Face 15f50
Premières Loges de côte 10f50
Deuxièmes Loges de Face 13f50
Deuxièmes Loges découvertes 7f00
Deuxièmes Loges de côté 4f50
Troisièmes Loges de Face 4f50
Trois Loges de côté et Av-scène 1f50
Fauteuils de 4e Galerie de Face 2f00
PLACES RÉSERVÉES AU PETIT BUREAU
(Rue Montpensier)
OUVERT POUR CHAQUE REPRÉSENTATION
30 MINUTES AVANT LE LEVER DU RIDEAU
Parterre et Strapontins 7f00
Troisième Galerie 1er rang de face 2f50
Amphithéâtre 1f50

Le médaillon ci-dessous représente Molière.

16 Au cinéma

Le cinéma est resté une des distractions favorites des moins de vingt ans, mais ces jeunes gens constituent pour la plupart un public difficile; ils ne vont pas voir n'importe quel film simplement pour tuer le temps. Beaucoup appartiennent à des ciné-clubs; ils vont voir des films d'avant-garde dans les cinémas d'art et d'essai; ils fréquentent les cinémathèques qui présentent les grands classiques du cinéma muet ou les succès d'avant-guerre comme *La Grande Illusion*.

Henri téléphone à Marguerite:

Henri	Bonjour, Marguerite. Voulez-vous aller au cinéma ce soir?
Marguerite	Avec plaisir. Quels films donne-t-on aujourd'hui?
Henri	Aimez-vous les vieux films? Comme *La Grande Illusion*?
Marguerite	Merveilleux! Il y a des années que je veux voir ce film. A quelle heure est-ce que ça commence?

Henri Les actualités passent à huit heures et quart, puis il y a un dessin animé; mais le grand film ne commence qu'à neuf heures cinq. Voulez-vous voir les actualités et le dessin animé?

Marguerite Non, ce n'est pas la peine.

Henri Alors, on se retrouve devant le cinéma à neuf heures moins le quart?

Marguerite D'accord. A ce soir, Henri.

Marguerite Excusez-moi, je suis un peu en retard . . . Quelle chance! Il n'y a pas de queue.

Henri Allons prendre les billets. Préférez-vous être à l'orchestre ou au balcon?

Marguerite A l'orchestre, s'il vous plaît.

Henri Il faut donner les billets à l'ouvreuse.

Ouvreuse Où voulez-vous vous asseoir?

Marguerite Assez près de l'écran, s'il vous plaît.

Henri Ici, c'est très bien.
(Henri donne un pourboire à l'ouvreuse)

Ouvreuse Merci, monsieur.

Exercices structuraux

1 *Exemple* Quel film voulez-vous voir?
Je verrais volontiers n'importe quel film.

Quel film voulez-vous voir?
Quel journal voulez-vous lire?
Quel livre voulez-vous acheter?
Quel train allez-vous prendre?
Quelle voiture voulez-vous conduire?
Quel vin allez-vous boire?
Quel fromage voulez-vous manger?

2 *Exemple* Je veux aller au cinéma, a dit Henri.
Henri a dit qu'il voulait aller au cinéma.

Je veux aller au cinéma, a dit Henri.
Quel film est-ce qu'on donne? a-t-il demandé.
A quelle heure est-ce que le film commence? a-t-il demandé.
Les actualités passent à 8h15, a-t-il dit.
Le grand film ne commence qu'à 9h10, a-t-il annoncé.
Il faut donner les billets à l'ouvreuse, a-t-il dit.
Où voulez-vous vous asseoir? a demandé l'ouvreuse.

3 *Exemple* Le grand film aura déjà commencé à neuf heures moins cinq? (9h10)

Non, le grand film ne commence qu'à neuf heures dix.

Le grand film aura déjà commencé à neuf heures moins cinq? (9h10)
Le train sera déjà parti à dix heures et demie? (10h45)
Le car sera déjà arrivé à midi? (12h15)
La pharmacie sera déjà fermée à six heures du soir? (6h45)
Le spectacle "Son et Lumière" aura déjà commencé à dix heures du soir? (10h30)
La pièce sera finie à minuit moins le quart? (24h00)
Nos amis seront déjà rentrés à minuit? (0h30)

4 *Exemple* Vous voulez voir ce film?

Il y a des années que je veux voir ce film.

Vous voulez voir ce film?
Vous avez la télévision maintenant?
Est-ce que vous connaissez les Duparc?
Votre père travaille chez Renault?
Vous conduisez une Simca?
Marguerite étudie le français?
Vos parents veulent acheter un appartement à Paris?

5 *Exemple* Vous avez un billet de 10 F.
Vous achetez un paquet de cigarettes à 2,40 F. Combien vous reste-t-il?

Il me reste 7,60 F.

Vous achetez un paquet de cigarettes à 2,40 F. Combien vous reste-t-il?
Le prix de votre place au cinéma est 9,50 F. Combien vous reste-t-il?
Vous donnez 6,50 F. au chauffeur du taxi. Combien vous reste-t-il?
On vous demande 3,25 F. de supplément. Combien vous reste-t-il?
Votre billet coûte 6,40 F. Combien vous reste-t-il?
Vous achetez trois timbres à 40 c. Combien vous reste-t-il?
Vous envoyez un télégramme qui coûte 7,85 F. Combien vous reste-t-il?

Questions

Vous allez entendre sept questions et réponses. Chaque question sera ensuite répétée et suivie d'une pause pendant laquelle vous donnerez votre réponse.

Qui est-ce qui va surtout au cinéma maintenant?

Comment l'attitude des spectateurs a-t-elle changé?

Quels genres de films est-ce que les jeunes gens veulent voir?

Pourquoi est-ce que Marguerite a envie de voir *La Grande Illusion*?

Veut-elle voir les actualités et le dessin animé?

Où veut-elle s'asseoir?

Est-ce que le grand film commence à huit heures et quart?

GABIN · FRESNAY · STROHEIM
LA GRANDE ILLUSION
Un film de
JEAN RENOIR

Cinéma et théâtre en France

Le cinéma n'a plus l'immense popularité dont il jouissait avant la guerre; depuis 1956, le nombre des entrées dans les cinémas a diminué de plus de moitié. Mais, malgré la concurrence du petit écran, aller voir un film est encore un des divertissements préférés des Français. On peut voir toutes sortes de films: histoires d'amour, films policiers, films d'espionnage, films de guerre, films d'aventures, westerns, films fantastiques, films d'horreur ou d'épouvante, films à grand spectacle, films érotiques, comédies sentimentales, comédies dramatiques, comédies musicales, films comiques, drames psychologiques, films d'art et d'essai, dessins animés, documentaires, courts métrages, etc. Tous les ans, il y a des prix pour récompenser le meilleur acteur, la meilleure actrice, et le meilleur metteur en scène. Les films en couleur sont maintenant plus fréquents que les films en noir et blanc. On présente beaucoup de films étrangers: américains, anglais, italiens, suédois, etc.; ils sont généralement doublés (présentés en version française); quand ils sont présentés en version originale, des sous-titres en français sont ajoutés.

Le prix des places varie considérablement; dans les cinémas de quartier et dans les petites villes de province,

HORAIRE

SPECTACLE
PERMANENT

SEANCES A
14 H 10
16 H 10
18 H 10
20 H 15
22 H 15

FILM VERS
14 H 50
16 H 50
18 H 50
20 H 55
23 H 00

UNE SEMAINE DE PARIS
le guide-programme des spectacles

Belgique : Frs B. 10 Suisse : Frs S. 1 Gde-Bret. : 1/6 d. USA : 20 c. 0,80 F N° 1072 du 7 juin au 13 juin 1967

Jean GABIN et Robert STACK (Eliot NESS dans les "Incorruptibles") sont les vedettes du nouveau film de Jean DELANNOY "LE SOLEIL DES VOYOUS", actuellement en exclusivité à Paris aux cinémas : AMBASSADE GAUMONT, BERLITZ, MONTPARNASSE PATHÉ, IMAGES, PATHÉ ORLÉANS. (COMACICO)

les billets coûtent beaucoup moins cher que dans les cinémas de luxe. Une ouvreuse vous conduit à votre place; n'oubliez pas de lui donner un pourboire.

Il est défendu de fumer au cinéma. Il y a un entr'acte durant lequel on passe des films de publicité et durant lequel des vendeuses vous proposent des caramels, esquimaux, crèmes glacées, bonbons, chocolats, et autres friandises.

Il y a une renaissance du théâtre en France. Les théâtres parisiens (la Comédie-Française, le Théâtre National Populaire, le Théâtre de l'Atelier, l'Odéon, le Théâtre de l'Athénée, etc.) continuent d'attirer un grand nombre de spectateurs. Dans la banlieue parisienne et en province, de nombreuses compagnies se sont formées récemment (Théâtre de la Commune d'Aubervilliers, Théâtre Romain-Rolland de Villejuif, etc.). Ces théâtres périphériques et provinciaux attirent des auditoires qui proviennent surtout des milieux populaires et ouvriers, c'est-à-dire des milieux qui jusqu'ici n'avaient que peu fréquenté le théâtre.

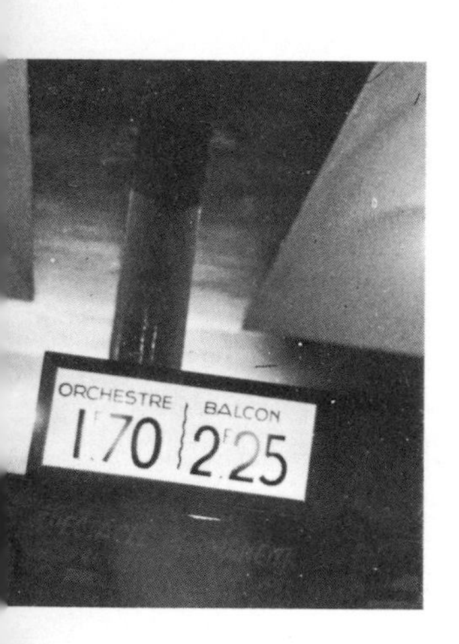

Le théâtre lyrique est représenté à l'Opéra (Palais Garnier) et à l'Opéra-Comique (salle Favart). Le théâtre Mogador se spécialise dans les opérettes; l'Olympia et Bobino se consacrent au music-hall; le Lido et la Tête de l'Art sont des cabarets; les revues des Folies-Bergère sont célèbres, mais elles attirent surtout les touristes; les cafés-théâtres constituent un genre récent et sont très goûtés dans les milieux d'avant-garde. Le cirque est resté populaire, mais les gens préfèrent le voir à la télévision (La Piste aux Etoiles) et n'y vont que rarement. Les chansonniers sont un spectacle typiquement français et il faut vraiment être au courant de l'actualité pour comprendre toutes leurs allusions satiriques et leurs traits mordants. Dans toutes ces salles de spectacle, il ne faut pas oublier de donner un pourboire à l'ouvreuse, à l'employée du vestiaire, etc., sauf dans quelques rares théâtres (T.N.P., Odéon, Théâtre de la Ville) où la direction a interdit les pourboires.

Il y a bien d'autres endroits où l'on peut aller pour occuper ses loisirs, pour se distraire ou s'instruire: concerts, théâtres de marionnettes ou de guignol, musées, galeries d'art, monuments, conférences, jardins botaniques, zoos, curiosités, ventes aux enchères, etc. Ceux qui aiment danser peuvent aller dans les dancings ou les discothèques.

HORAIRE
LES AILES BRISEES
LOTERIE NATIONALE
LES AILES BRISEES

20 20 20 20

17 Marguerite achète des chaussures

Pourquoi est-ce que les vitrines des magasins attirent tellement les femmes? Ce matin, Marguerite est sortie sans le moindre désir d'acheter quoi que ce soit, mais elle ne peut pas s'empêcher de s'arrêter, de regarder, de s'imaginer portant telle ou telle robe, tel ou tel chapeau. La voici devant un magasin de chaussures. ... Va-t-elle se laisser tenter?

Marguerite	Regarde dans la vitrine, à droite.
Suzanne	Cette paire de chaussures noires?
Marguerite	Oui, elles me plaisent beaucoup. Je voudrais les acheter.
Suzanne	Tu aimes vraiment ce genre de talons?
Marguerite	Bien sûr. Ça fait très chic.
Suzanne	Entrons alors.
Marguerite	Il y a beaucoup de monde. ... Ah, voici un vendeur!
Vendeur	On s'occupe de vous, mesdemoiselles?
Marguerite	Non, monsieur. Je voudrais essayer les chaussures qui sont dans la vitrine.
Vendeur	Montrez-les-moi, mademoiselle.
Marguerite	Celles-là, à droite.
Vendeur	Très bien. Du combien chaussez-vous?
Marguerite	Je chausse du six en Angleterre, mais en France je ne sais pas ...
Vendeur	Nous allons mesurer, mademoiselle ... Voilà, en France vous chaussez du trente-huit. Essayons cette paire, mademoiselle.
Marguerite	Oh, regarde, Suzanne, ces chaussures me vont à merveille. C'est combien?
Vendeur	Cent vingt francs.
Marguerite	Très bien, je les prends.
Vendeur	Et avec ça, mademoiselle?
Marguerite	Ce sera tout, monsieur.
Vendeur	Payez à la caisse, s'il vous plaît.

Exercices structuraux

1 *Exemples* Vous prenez ces chaussures noires, mademoiselle?
Si elles me vont bien, je les prendrai.

Votre amie prend cette robe orange?
Si elle lui va bien, elle la prendra.

Vous prenez ces chaussures noires, mademoiselle?
Votre amie prend cette robe orange?
Vous prenez ces gants beiges, mademoiselle?
Votre amie prend cette jupe verte?
Vous prenez ces lunettes de soleil, mademoiselle?
Votre amie prend cette perruque blonde?
Vous prenez ce chapeau à larges bords, mademoiselle?
Votre amie prend ce manteau en daim?
Vous prenez ces boucles d'oreilles en argent, mademoiselle?
Votre amie prend ce rouge à lèvres?

2 *Exemple* Est-ce que vous regardez les vitrines?
Je ne peux pas m'empêcher de les regarder.

Est-ce que vous regardez les vitrines?
Est-ce que votre père vous gronde souvent?
Pourquoi est-ce qu'il boit tant de vin?
Vous détestez ce garçon?
Elle dit souvent des mensonges?
Pourquoi faites-vous tout le temps des grimaces?
Elle regarde ce feuilleton tous les soirs?

3 *Exemple* Est-ce que Marguerite veut acheter quelque chose?
Non, elle n'a pas le moindre désir d'acheter quoi que ce soit.

Est-ce que Marguerite veut acheter quelque chose?
Veux-tu manger quelque chose?
Est-ce que Pierre veut lire quelque chose?
Mesdemoiselles, voulez-vous essayer quelque chose?
Est-ce que les touristes veulent voir quelque chose?
Est-ce que le Président veut dire quelque chose?
Messieurs, voulez-vous chanter quelque chose?

4 *Exemples* Est-ce que vous aimeriez essayer ces chaussures noires, mademoiselle?

Oui, je voudrais bien les essayer. Elles me plaisent beaucoup.

Est-ce que votre amie aimerait essayer cette robe verte?

Oui, elle voudrait bien l'essayer. Elle lui plaît beaucoup.

Est-ce que vous aimeriez essayer ces chaussures noires, mademoiselle?

Est-ce que votre amie aimerait essayer cette robe verte?

Est-ce que vous aimeriez essayer ce manteau marron, mademoiselle?

Est-ce que votre amie aimerait essayer ces gants jaunes?

Est-ce que vous aimeriez essayer ces lunettes de soleil, mademoiselle?

Est-ce que votre amie aimerait essayer ce pantalon de ski?

Est-ce que vous aimeriez essayer cette perruque blonde, mademoiselle?

Est-ce que votre amie aimerait essayer ces boucles d'oreilles en or?

Est-ce que vous aimeriez essayer ce chapeau de feutre?

Est-ce que votre amie aimerait essayer cette jupe blanche?

5 *Exemple* Je voudrais essayer cette robe orange qui est dans la vitrine.

Laquelle, mademoiselle? Montrez-la-moi, s'il vous plaît.

Je voudrais essayer cette robe orange qui est dans la vitrine.

Je voudrais essayer ce chapeau vert qui est dans la vitrine.

Je voudrais essayer ces lunettes de soleil qui sont dans la vitrine.

Je voudrais essayer ce pantalon de ski qui est dans la vitrine.

Je voudrais essayer ces gants jaunes qui sont dans la vitrine.

Je voudrais essayer ces chaussures noires qui sont dans la vitrine.

Je voudrais essayer cette jupe verte qui est dans la vitrine.

Je voudrais essayer ces maillots de bain qui sont dans la vitrine.

Questions

Vous allez entendre six questions et réponses. Chaque question sera ensuite répétée et suivie d'une pause pendant laquelle vous donnerez votre réponse.

Qui est-ce que les vitrines des magasins attirent surtout?

Qu'est-ce que Marguerite s'imagine devant les vitrines?

Par quel magasin se laisse-t-elle tenter?

Qu'est-ce qu'elle voit dans la vitrine?

Qu'est-ce qu'elle dit au vendeur?

Pourquoi est-ce qu'elle achète les chaussures?

18 Un coup de téléphone

Suzanne et Marguerite vont passer l'après-midi au Musée des Arts Décoratifs. En chemin, Marguerite se rend compte qu'elle a oublié de téléphoner à son amie Geneviève ...

Marguerite J'ai oublié de téléphoner à Geneviève. D'où peut-on téléphoner?

Suzanne Nous pouvons aller dans une station de métro, dans un grand magasin, à la cabine téléphonique là-bas au coin de la rue, ou à la poste. Nous pouvons aussi aller dans un café, mais il faudrait boire quelque chose.

Marguerite Allons plutôt dans le métro.
Suzanne D'accord. ... Il faut deux pièces de vingt centimes. Je vais t'aider si tu veux. Quel numéro veux-tu?
Marguerite 380.73.42.
Suzanne Attends la tonalité; elle est parfois assez longue à venir. Compose le numéro et surtout n'oublie pas d'appuyer sur ce bouton dès qu'on te répondra.

Marguerite Qu'est-ce que ça veut dire?
Suzanne Ça veut dire que la ligne est occupée. Attendons quelques minutes.

Mme Guerlin Allô?
Marguerite Allô? C'est toi, Geneviève?
Mme Guerlin Non, je suis sa mère . Qui est à l'appareil?
Marguerite Marguerite Martin. Bonjour, madame. Est-ce que Geneviève est à la maison?
Mme Guerlin Non, elle est chez le coiffeur. Elle doit rentrer dans quelques minutes. Voulez-vous qu'elle vous rappelle?
Marguerite Oui, madame, si ça ne la dérange pas. Nous serons de retour à Neuilly vers six heures.
Mme Guerlin Quel est votre numéro?
Marguerite 722 ...
Mme Guerlin Excusez-moi de vous interrompre, Marguerite. Geneviève vient justement de rentrer. Ne quittez pas. Je vous la passe.

Exercices structuraux

1 *Exemple* Trouvez une cabine téléphonique et téléphonez à Geneviève.
Téléphonez à Geneviève dès que vous aurez trouvé une cabine téléphonique.

Trouvez une cabine téléphonique et téléphonez à Geneviève.
Mettez deux pièces dans l'appareil et composez le numéro.
Terminez la conversation et raccrochez.
Raccrochez et sortez de la cabine.
Finissez vos courses et appelez un taxi.
Préparez le dîner et téléphonez au bureau.
Mettez les couverts et reposez-vous.

2 *Exemple* Marguerite rentrera à neuf heures?
Elle sera sûrement de retour avant neuf heures.

Marguerite rentrera à neuf heures?
Vous rentrerez à 1h30, madame?
Paul et Marie rentreront à minuit?
Tu rentreras à six heures?
Vous et votre frère rentrerez à midi?
Monsieur Duparc rentrera à huit heures du soir?

3 *Exemple* Il interrompt Marguerite.
Excusez-moi de vous avoir interrompue.

Il interrompt Marguerite.
Il entre sans frapper.
Il dérange sa mère.
Il réveille ses parents.
Il quitte ses amis sans façon.
Il part avant le dîner.
Il rentre après minuit.

4 Ecoutez attentivement et choisissez votre réponse dans la liste ci-dessous:

Exemple (Bruit) Qu'est-ce que ça veut dire?
Ça veut dire que la ligne est occupée.

Réponses la ligne est occupée
le train va partir
le téléphone sonne chez votre amie
la messe va commencer
la pièce va commencer
il faut se lever
nous sommes en panne d'essence
la police arrive

5 *Exemple* Quel est votre numéro de téléphone?
606.18.22.

Guerlin, J.-P.	380.73.42
Palace-Bar	842.03.98
Zeller, Ch.	283.28.71
Leclerc, Mme Françoise	756.21.17
Service de Taxi	842.05.81
Hôtel de la Gare	076.98.99

Questions

Vous allez entendre six questions et réponses. Chaque question sera ensuite répétée et suivie d'une pause pendant laquelle vous donnerez votre réponse.

De quoi est-ce que Marguerite se rend compte en route pour le musée?

D'où peut-on téléphoner quand on n'est pas chez soi?

Quand on décroche le récepteur que faut-il attendre avant de composer le numéro?

Quel numéro est-ce que Marguerite compose?

Si vous êtes dans une cabine téléphonique, qu'est-ce qu'il ne faut pas oublier de faire dès qu'on vous répond?

Est-ce que Marguerite a eu Geneviève tout de suite au bout du fil?

Le téléphone en France

En France, le téléphone est administré par le ministère des Postes et Télécommunications; c'est un monopole de l'Etat. Il y a moins de téléphones en France que dans la plupart des autres pays d'Europe; à l'heure actuelle, à peu près une famille sur six a le téléphone. Cette situation est due, en partie, au fait que pendant longtemps la plupart des Français ont considéré le téléphone comme un instrument utile pour les affaires mais comme un luxe inutile à la maison. Aujourd'hui beaucoup de Français ont changé d'avis et le nombre de demandes est si élevé qu'il faut souvent attendre plusieurs mois avant que la ligne soit installée. Le gouvernement français a établi un programme intensif de modernisation pour satisfaire les demandes d'abonnement, faciliter l'écoulement du trafic, et compléter l'automatisation du réseau téléphonique.

Il y a trois sortes d'annuaires: un qui donne la liste des abonnés par ordre alphabétique, un autre qui donne la liste des abonnés par professions, et un troisième qui donne la liste des abonnés par rues. Il faut payer une taxe spéciale pour ne pas être inscrit dans l'annuaire (pour être sur la liste rouge).

Comme dans les autres pays, les indicatifs en lettres ont été remplacés par des chiffres, mais les Français ont beaucoup de difficultés à s'habituer au nouveau système et continuent à dire Balzac 42–45, Invalides 29–76, Elysées 98–23, etc. au lieu de 225.32.45, 468.29.76, 359.98.23.

Si vous avez le téléphone chez vous (si vous êtes abonné au téléphone), vous pouvez:

1. Téléphoner à l'intérieur de votre circonscription (de Neuilly à Paris, par exemple) sans limite de temps et vous ne payez qu'une taxe de base (0, 30 F) pour chaque communication. Si vous composez un numéro qui n'est pas en service, vous entendez: "Il n'y a pas d'abonné au numéro que vous avez demandé. Veuillez consulter l'annuaire ou le centre de renseignements."

2. Téléphoner dans une autre circonscription:

DIA / DID 647

TAPHONE (GROG ET CIE
) (Marque Déposée) mach à
ter Dir et Serv Vente
av George V 8e.................. 225.63.50
rvice Tech Fourn et
ess 32 r Henri Barbusse
chy.................................. 737.33.30
Mme photo 205 qu Valmy 607.63.90
TIONNAIRES LAROUSSE
Montparnasse
bd Raspail 6e.................. 548.95.31
me adresse...................... 222.25.17
IONNAIRE LE ROBERT
r Ste Anne 2e.................. 742.79.43

CTIONNAIRE
E ROBERT
SOCIÉTÉ DU NOUVEAU LITTRÉ
ue Sainte-Anne (2e) 742.79.43

TIONNAIRES PERMA-
S (Les) fiscal social rural
struction droit des affaires
r Jean Ferrandi 6e............548.67.70
me adresse......................548.92.11
E mach dict
av République 11e..............023.30.77
SON
av Champs Elysées 8e.......225.42.62
RANCE instrum scientif
ort 16 r St Denis 1er.........488.36.93
art 22 r Durantin 18e........606.58.28
T 113 r Faub Poissonnière 526.78.79
T 21bis r Simplon 18e........076.27.75
T D parfum
Stephenson 18e.................254.36.66
T Mme H 187 r Grenelle 7e.. 468.72.62
T M 11 r Jean Ferrandi 6e 222.64.61
T P boucher 104 r Boileau 288.59.28
T R brocant 54 r Santé 14e 587.22.78
Mme G 59 bd Poniatowski. 307.44.13
E Mr Mme R 39 bd Ornano... 076.64.16

a. Si cette circonscription a l'automatique, vous composez le 15 ou le 16 (suivant la région que vous appelez), vous attendez la tonalité musicale, vous composez l'indicatif du département et vous composez le numéro de votre correspondant. Ecoutez: "Ici l'automatique interurbain. Composez les huit chiffres du numéro national de votre correspondant." Parfois vous entendez aussi: "Ici l'interurbain automatique. Nous recherchons votre correspondant."

b. Si cette circonscription n'a pas encore l'automatique (zone manuelle), composez le 10, attendez la tonalité musicale, composez l'indicatif du département et indiquez à la téléphoniste qui vous répond le numéro et la localité de votre correspondant. Ecoutez: "Ici l'interurbain. Veuillez composer l'indicatif téléphonique départemental."

Pour les communications en dehors de votre circonscription, vous payez suivant la distance et le temps.

Si vous n'avez pas le téléphone. ...

Il y a des cabines téléphoniques à la poste, dans la plupart des stations de métro, dans les gares, dans certains grands magasins, et dans la rue. Il y a peu de cabines téléphoniques dans les rues; avant d'en accroître le nombre, le ministère aimerait mettre au point une installation qui découragerait les actes de vandalisme et les déprédations. On peut aussi téléphoner dans les cafés, mais le propriétaire s'attend à ce que vous buviez quelque chose si vous utilisez son appareil.

Il existe plusieurs sortes d'appareils; lisez les instructions soigneusement avant de déposer votre argent dans la fente et de composer le numéro de votre correspondant. Sur la plupart des appareils, il faut appuyer sur un bouton dès que vous entendez votre correspondant; si vous n'appuyez pas, votre correspondant ne vous entend pas, raccroche, et vous perdez le coût de la communication.

Le ministère des Postes et Télécommunications est en train d'installer de nouveaux appareils à encaissement entièrement automatique. Pour employer cet appareil, vous préparez votre monnaie en fonction du temps pendant lequel vous comptez parler et vous composez le numéro de votre correspondant; quand le demandé répond, un signal spécial (bip-bip-bip) indique que le demandeur doit déposer la somme nécessaire pour engager la conversation. Un voyant indique au demandeur quand il doit reverser de l'argent pour continuer sa conversation.

Vous pouvez demander l'heure à l'horloge parlante; composez 033.84.00 ou 033.84.11:

"Au quatrième top, il sera exactement 21 heures 37 minutes... 21 h 37 m 10 s... 21 h 37 m 20 s... 21 h 37 m 30 s... 21 h 37 m 40 s... Au quatrième top, il sera exactement 21 h 38 m..."

Vous pouvez écouter les nouvelles; vous composez INF 1:

"INF 1 ... Informations téléphonées et présentées par l'O.R.T.F. Les députés travaillistes ont approuvé massivement la politique de M. Wilson en ce qui concerne le maintien des forces britanniques en Asie..."

L'occupation de cette cabine ne peut se prolonger pendant plus de 6 minutes à partir du moment où la communication est obtenue si d'autres personnes attendent pour faire usage du poste public

Vous pouvez écouter les informations météorologiques; vous composez 705.97.39:

"Ici les informations météorologiques et téléphonées. Le ciel sera nuageux avec des orages devenant nombreux en soirée. La température maximale à Paris-Montsouris aujourd'hui a été de trente degrés trois dixièmes..."

Vous pouvez aussi obtenir des renseignements sur l'état des routes (553.05.29), des renseignements sur les tarifs postaux (380.64.00), des informations touristiques (359.52.78), etc. Pour une somme très modique, vous pouvez même vous faire réveiller (composez le 13).

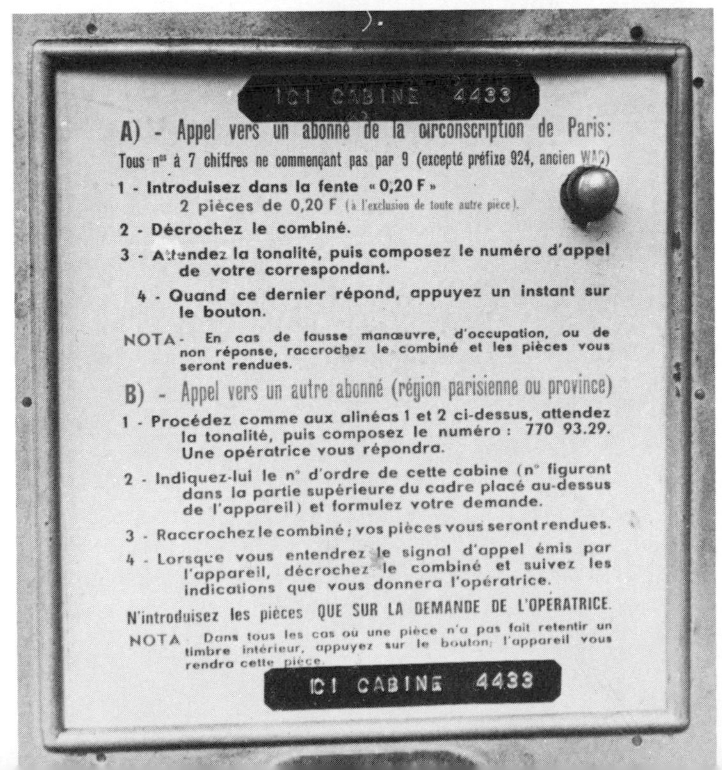

ICI CABINE 4433

A) - Appel vers un abonné de la circonscription de Paris:

Tous nos à 7 chiffres ne commençant pas par 9 (excepté préfixe 924, ancien [illegible])

1 - **Introduisez dans la fente « 0,20 F »**
2 pièces de 0,20 F (à l'exclusion de toute autre pièce).

2 - **Décrochez le combiné.**

3 - **Attendez la tonalité, puis composez le numéro d'appel de votre correspondant.**

4 - **Quand ce dernier répond, appuyez un instant sur le bouton.**

NOTA - En cas de fausse manœuvre, d'occupation, ou de non réponse, raccrochez le combiné et les pièces vous seront rendues.

B) - Appel vers un autre abonné (région parisienne ou province)

1 - Procédez comme aux alinéas 1 et 2 ci-dessus, attendez la tonalité, puis composez le numéro : 770 93.29. Une opératrice vous répondra.

2 - Indiquez-lui le n° d'ordre de cette cabine (n° figurant dans la partie supérieure du cadre placé au-dessus de l'appareil) et formulez votre demande.

3 - Raccrochez le combiné; vos pièces vous seront rendues.

4 - Lorsque vous entendrez le signal d'appel émis par l'appareil, décrochez le combiné et suivez les indications que vous donnera l'opératrice.

N'introduisez les pièces QUE SUR LA DEMANDE DE L'OPERATRICE.

NOTA. Dans tous les cas où une pièce n'a pas fait retentir un timbre intérieur, appuyez sur le bouton; l'appareil vous rendra cette pièce.

ICI CABINE 4433

19 Chez le coiffeur pour hommes

Henri aime avoir les cheveux courts, mais il n'aime pas aller chez le coiffeur. Il déteste faire la queue, écouter les bavardages du coiffeur, se sentir obligé d'accepter un shampooing ou une friction, se demander si – en plus des 15% de service – il doit laisser un pourboire. Ce qui fait que, pour un jeune homme qui préfère les cheveux courts, il les a souvent fort longs. Enfin, un jour il sera chauve, pourra s'acheter un postiche, et n'aura plus à se tourmenter au sujet du coiffeur.

Coiffeur C'est votre tour, monsieur. C'est pour les cheveux?
Henri Oui, et coupez-les très courts, s'il vous plaît.
Coiffeur Bien, monsieur .... Quel temps, hein!
Henri Oui, trois semaines de pluie au mois d'août. On n'a jamais vu ça.
Coiffeur Ils ont beau dire; avec toutes leurs expériences atomiques, ils ont bel et bien dérangé le temps.... Et puis, cette idée d'aller sur la lune! A quoi est-ce que ça sert, hein?
Henri Oui, je vous le demande. Comme si nous n'avions pas assez d'embêtements sur la terre!
Coiffeur Je vous fais un petit shampooing?
Henri Oui, si vous voulez, mais à l'eau tiède.
Coiffeur Voilà qui est fait, monsieur. Est-ce que c'est assez dégagé sur les côtés?

Henri Oui, c'est parfait.
Coiffeur Voulez-vous une friction?
Henri Merci. Ça va comme ça.
Coiffeur Bien, monsieur. Payez à la caisse en sortant. Merci, monsieur.

Exercices structuraux

1 *Exemple* Henri se regarde dans la glace et décide d'aller chez le coiffeur.
Après s'être regardé dans la glace, Henri a décidé d'aller chez le coiffeur.

Henri se regarde dans la glace et décide d'aller chez le coiffeur.
Il sort du métro et entre chez le coiffeur.
Il fait la queue et prend sa place.
Il écoute les bavardages du coiffeur et accepte une friction.
Il se fait couper les cheveux et donne un pourboire.
Il salue un ami et se dirige vers la caisse.
Il paie à la caisse et sort.

2 *Exemple* Tu vas chez le coiffeur?
Il faut absolument que j'aille chez le coiffeur.

Tu vas chez le coiffeur?
Marguerite va chez le coiffeur?
Vous deux, vous allez chez le coiffeur?
Paul et Henri vont chez le coiffeur?
Monsieur Duparc va chez le coiffeur?
Je vais chez le coiffeur, maman?
Nous deux, nous allons chez le coiffeur, maman?

3 *Exemple* Il dit qu'il va réussir à son examen.
Oh, il a beau dire. Il n'y réussira pas.

Il dit qu'il va réussir à son examen.
Je dis que je vais obtenir mon permis de conduire du premier coup.
Ils disent qu'ils vont recevoir une augmentation de salaire.
Elle dit que son père va payer ses frais.
Il dit qu'il va épouser cette jeune fille.
Je dis que je vais remporter le prix d'excellence.
Il dit que son oncle va lui prêter sa voiture.

4 *Exemple* J'avais promis d'aller le voir, mais je n'ai pas tenu ma promesse.
Moi, je me serais senti obligé de la tenir.

J'avais promis d'aller le voir, mais je n'ai pas tenu ma promesse.
J'ai accompagné ma sœur au théâtre, mais je ne l'ai pas reconduite.
Nous avons beaucoup de travail au bureau, mais j'ai refusé de faire des heures supplémentaires.
Ils m'ont demandé de l'argent, mais je ne leur en ai pas prêté.
Mon fils ne s'est pas bien conduit, mais je ne l'ai pas puni.
Je suis allé chez le coiffeur, mais je ne lui ai pas laissé de pourboire.
Il m'a invité à dîner, mais je ne lui ai pas rendu son invitation.

5 *Exemple* Marguerite s'abîme les yeux en étudiant tous les soirs.
A quoi est-ce que ça sert d'étudier tous les soirs?
Elle ne fait que s'abîmer les yeux.

Marguerite s'abîme les yeux en étudiant tous les soirs.
Tu perds ton argent en jouant aux courses.
On dérange le temps en faisant des expériences atomiques.
Vous risquez votre vie en roulant si vite.
Il encourage les cambrioleurs en gardant beaucoup d'argent à la maison.
On se détraque le foie en buvant de l'alcool.
Tu t'énerves en faisant des mots croisés.
Elle s'affaiblit en prenant tant de bains chauds.

Questions

Vous allez entendre six questions et réponses. Chaque question sera ensuite répétée et suivie d'une pause pendant laquelle vous donnerez votre réponse.

Pourquoi est-ce qu'Henri n'aime pas aller chez le coiffeur?

A quel moment de la journée vaut-il mieux aller chez le coiffeur?

Pourquoi est-ce que le coiffeur parle d'abord du temps?

D'après le coiffeur qu'est-ce qui est responsable du mauvais temps?

Pourquoi est-il contre l'idée d'aller sur la lune?

Quel est l'avis d'Henri?

TARIF MESSIEURS
CATÉGORIE A
coupe ordinaire 3 40
coupe brosse classique 4 80
coupe avec finissage rasoir 4 00
coupe et coiffage moderne 9 75
coupe au ciseau sculpteur 4 00
barbe 2 90
shampooing ordinaire 2 50
shampooing supérieur 3 30
friction ordinaire 50° 2 50
friction moyenne 70° 4 5
friction supérieure 80° 5 20
manucure 3 20
supplément 0 70
SERVICE COMPRIS
Pento

20 A la poste

Aller à la poste à sept heures moins le quart n'est pas recommandé, surtout lorsqu'on a plusieurs opérations à faire. Suzanne et Marguerite vont être obligées de courir d'un guichet à un autre, de faire la queue partout. Observons-les. . . .

Marguerite Jusqu'à quelle heure est-ce que la poste est ouverte?
Suzanne Jusqu' à sept heures. Dépêchons-nous d'y aller.

Marguerite Oh, quelle foule!
Suzanne Nous avons des tas de formules à remplir. En voici une pour ta lettre recommandée, une pour la déclaration en douane de ton paquet, une autre pour mon mandat, et encore une pour le télégramme que nous envoyons pour retenir une chambre à Deauville. Voici les tiennes.

Marguerite Ça y est; j'ai fini.
Suzanne Bon. Pour gagner du temps, je vais aller au guichet des mandats pendant que tu envoies ta lettre.

5 OBJETS RECOMMANDES

Marguerite Je voudrais faire recommander cette lettre, mademoiselle.

Marguerite donne la formule qu'elle a remplie à l'employée.

Employée Trois francs quarante, mademoiselle. Merci. Voici votre récépissé.

2 MANDATS

Suzanne Je voudrais un mandat ordinaire.

Suzanne donne la formule qu'elle a remplie à l'employée.

Employée Trois cents francs pour le mandat et deux francs quatre-vingts de taxe.

Suzanne Voici. Merci.

Suzanne Fini? Il n'y a plus personne au guichet des télégrammes. Je vais y aller pendant que tu envoies ton paquet.

6 PAQUETS

Marguerite J'ai un paquet pour les Etats-Unis.

Employé Un kilo et demi. Il est trop lourd, mademoiselle. Vous n'avez droit qu'à un kilo. Vous pouvez l'envoyer par la S.N.C.F. ou bien vous pouvez faire deux paquets séparés. Je regrette . . .

9 TELEGRAMMES

Suzanne Est-ce que ce télégramme pour Deauville arrivera ce soir?

Employé Oui, mademoiselle. Vingt-deux mots. Ça fait cinq francs quarante.

Marguerite Je n'ai pas de chance; mon paquet est trop lourd. Avons-nous terminé?

Suzanne Non, pas encore. Maintenant je vais retirer de l'argent de la Caisse d'Epargne pour le déposer à mon compte-courant postal. Encore deux formules! Heureusement c'est le même guichet pour les deux opérations.

Marguerite Trois personnes devant nous! Et il est presque sept heures! Tu es bien sûre que tu n'as rien oublié? Avons-nous assez de timbres à la maison?

Suzanne Oui . . . Oh, mon Dieu! J'ai oublié de prévenir la couturière que je ne pourrai pas venir demain matin comme convenu. Et elle n'a pas le téléphone! Cours vite au guichet numéro huit et envoie-lui un pneumatique.

A

B

C

D

E

F

G

H

I

J

K

L

Exercices structuraux

1 *Exemple* Je remplis des tas de formules.
Il veut que je remplisse des tas de formules.

Je remplis des tas de formules.
Nous faisons une déclaration en douane.
Vous cherchez une cabine téléphonique.
Elles font peser leurs paquets.
Nous arrivons à Orly plutôt qu'au Bourget.
Elle prend l'avion plutôt que le bateau.
Je pars par le train.
Nous allons au théâtre plutôt qu'au cinéma.

2 *Exemple* Y a-t-il beaucoup de monde au guichet des télégrammes?
Il n'y a plus personne au guichet des télégrammes; tu peux y aller maintenant sans être obligé de faire la queue.

Y a-t-il beaucoup de monde au guichet des télégrammes?
Y a-t-il beaucoup de monde au bureau des renseignements?
Y a-t-il beaucoup de monde à la pharmacie?
Y a-t-il beaucoup de monde à la banque?
Y a-t-il beaucoup de monde au syndicat d'initiative?
Y a-t-il beaucoup de monde au comptoir?
Y a-t-il beaucoup de monde à l'agence de voyages?

3 *Exemple* Dis-donc, Marguerite, si tu demandais une carte affranchie?
D'accord. Mademoiselle, voulez-vous me donner une carte affranchie?

Dis donc, Marguerite, si tu demandais une carte affranchie?
Dis donc, Marguerite, si tu demandais un pneumatique?
Dis donc, Marguerite, si tu demandais une formule pour faire suivre le courrier?
Dis donc, Marguerite, si tu demandais un carnet de timbres?
Dis donc, Marguerite, si tu demandais des étiquettes PAR AVION?
Dis donc, Marguerite, si tu demandais quatre timbres à soixante-dix centimes?
Dis donc, Marguerite, si tu demandais un aérogramme?

4 *Exemple* La poste ferme à sept heures.
Dépêchons-nous d'y aller; elle est ouverte jusqu'à sept heures.

La poste ferme à sept heures.
Le guichet ferme à six heures et demie.
Le bureau ferme à six heures et quart.
La pharmacie ferme à huit heures moins le quart.
La banque ferme à quatre heures.
Le café ferme à minuit.
Le restaurant ferme à neuf heures.

5 *Exemple* Je vais au guichet des mandats: tu retires de l'argent de la Caisse d'Epargne.
J'irai au guichet des mandats pendant que tu retireras de l'argent de la Caisse d'Epargne.

Je vais au guichet des mandats: tu retires de l'argent de la Caisse d'Epargne.
Je dépose de l'argent à mon compte-courant postal: tu téléphones pour retenir une chambre.
Je remplis cette formule: tu préviens la couturière.
Elle envoie un télégramme: nous prenons notre courrier à la poste restante.
J'écris un pneumatique: tu achètes un carnet de timbres.
J'appelle un taxi: tu mets tes lettres à la poste.

Questions

Vous allez entendre six questions et réponses. Chaque question sera ensuite répétée et suivie d'une pause pendant laquelle vous donnerez votre réponse.

Pourquoi n'est-il pas recommandé d'aller à la poste à sept heures moins le quart?

A quelle heure ferme la poste?

Qu'est-ce que Marguerite donne à l'employé pour envoyer une lettre recommandée?

Pourquoi est-ce que Marguerite n'a pas de chance avec son paquet?

Qu'est-ce que Suzanne avait oublié de faire?

Comment a-t-elle fait pour la prévenir?

Les Postes et Télécommunications en France

Les Postes et Télécommunications (P. et T.) sont administrées par le gouvernement français. Jusqu'à une date récente, le titre officiel était Postes, Télégraphes, Téléphones (P.T.T.); beaucoup de personnes continuent à employer l'ancienne appellation.

A Paris, les bureaux de poste sont ouverts de huit heures à dix-neuf heures, sauf le samedi (ouverts de huit heures à midi) et le dimanche (fermés toute la journée). Cependant, certains bureaux de poste restent ouverts le samedi et le dimanche; la liste de ces bureaux de poste, ainsi que leurs heures d'ouverture, est affichée dans tous les bureaux de poste. Dans les petites villes, les bureaux de poste sont généralement fermés pendant le déjeuner.

A Paris, il y a six levées et trois distributions par jour, sauf le dimanche où il n'y a qu'une seule levée et pas de distribution. En province, le nombre de levées et de distributions varie; dans une petite ville, il y a généralement trois levées et une distribution.

Le comptoir d'un bureau de poste est divisé en sections qu'on appelle guichets. Il y a un guichet pour les timbres, un autre pour les paquets, un autre pour les mandats, etc.

En plus du service du téléphone, les P. et T. offrent les services suivants; vous pouvez:

1 Envoyer des cartes postales, des lettres, des imprimés. Pour plus de commodité, les bureaux de tabac vendent aussi des timbres et il y a généralement une boîte aux lettres près de chaque bureau de tabac.
2 Envoyer des paquets. Pour la France, le maximum est de trois kilogrammes. Pour l'étranger, le maximum est de un kilogramme; il faut remplir une formule de déclaration en douane. On peut envoyer les paquets contre remboursement. Pour obtenir un acheminement accéléré, on peut affranchir les paquets au tarif des lettres.
3 Envoyer le courrier par exprès. En plus de la taxe normale, il faut payer 3,00 F.
4 Recevoir le courrier à la poste restante. Il faut payer une surtaxe de 0,30 F par lettre. Il faut aussi se munir d'une pièce d'identité avec photo.
5 Recommander des lettres et des paquets. Pour une lettre, la surtaxe est de 2,60 F.

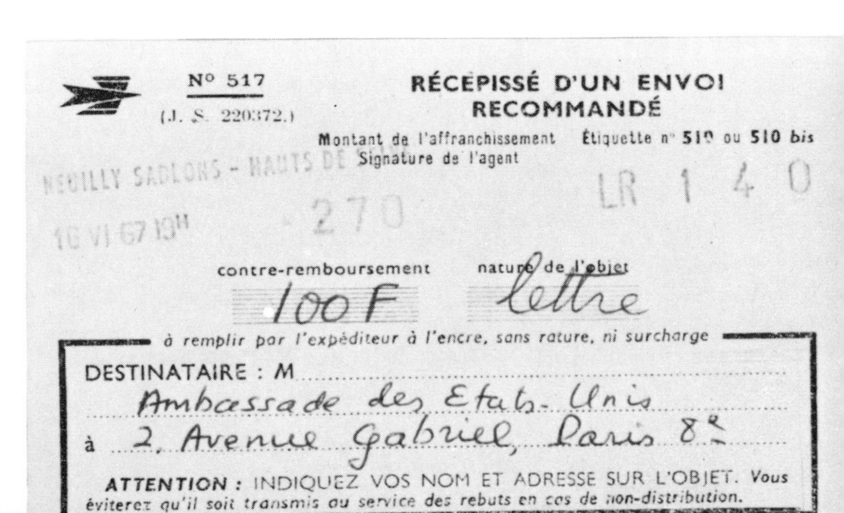

N° 517

(J. S. 220372.)

RÉCEPISSÉ D'UN ENVOI RECOMMANDÉ

Montant de l'affranchissement — Étiquette n° 510 ou 510 *bis*

Signature de l'agent

NEUILLY SABLONS - HAUTS DE S

16 VI 67 19H

2 70

LR 1 4 0

contre-remboursement: 100 F

nature de l'objet: lettre

à remplir par l'expéditeur à l'encre, sans rature, ni surcharge

DESTINATAIRE : M Ambassade des Etats-Unis

à 2, Avenue Gabriel, Paris 8e

ATTENTION : INDIQUEZ VOS NOM ET ADRESSE SUR L'OBJET. *Vous éviterez qu'il soit transmis au service des rebuts en cas de non-distribution.*

POSTES ET TÉLÉCOMMUNICATIONS — Voir NOTA au verso.

6 Assurer des lettres et des paquets. La surtaxe varie suivant la valeur déclarée de l'objet.
7 Demander un avis de réception. Il faut payer 0,80 F par avis de réception.
8 Envoyer des mandats.
9 Envoyer des télégrammes.

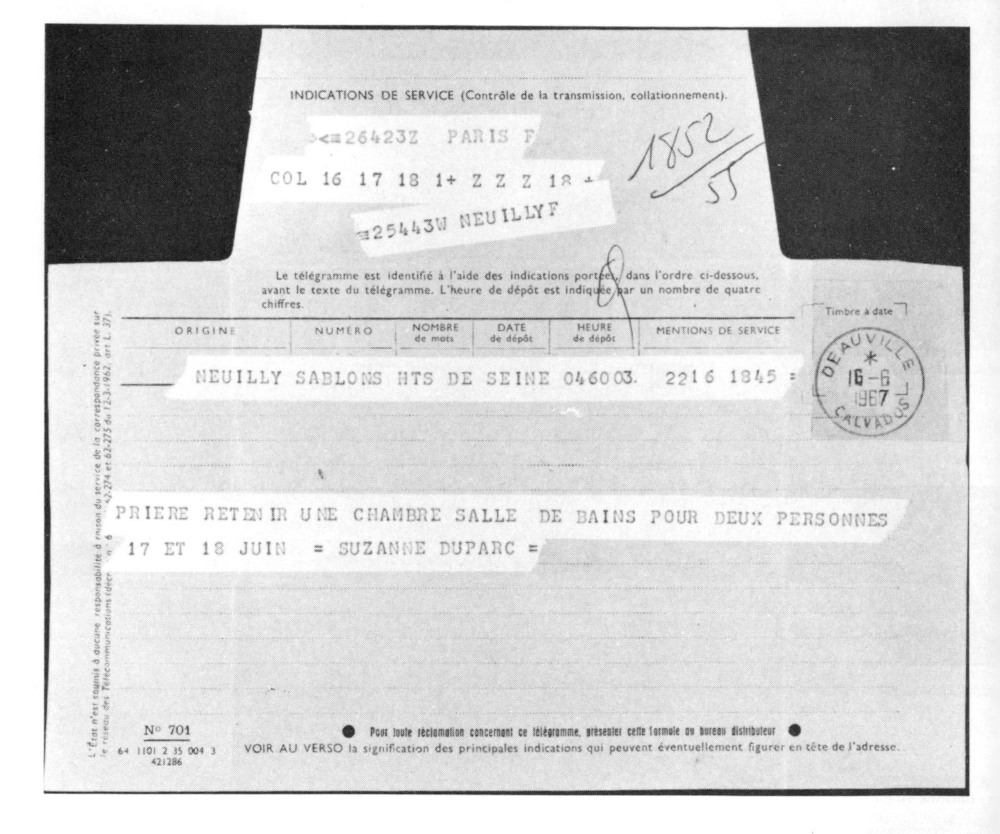

INDICATIONS DE SERVICE (Contrôle de la transmission, collationnement).

<≡26423Z PARIS F

COL 16 17 18 1+ Z Z Z 18 +

≡25443W NEUILLYF

Le télégramme est identifié à l'aide des indications portées, dans l'ordre ci-dessous, avant le texte du télégramme. L'heure de dépôt est indiquée par un nombre de quatre chiffres.

ORIGINE	NUMÉRO	NOMBRE de mots	DATE de dépôt	HEURE de dépôt	MENTIONS DE SERVICE
NEUILLY SABLONS HTS DE SEINE	04600	3	22	16 1845 =	

Timbre à date

PRIERE RETENIR UNE CHAMBRE SALLE DE BAINS POUR DEUX PERSONNES 17 ET 18 JUIN = SUZANNE DUPARC =

N° 701
64 1101 2 35 004 3
421286

Pour toute réclamation concernant ce télégramme, présenter cette formule au bureau distributeur

VOIR AU VERSO la signification des principales indications qui peuvent éventuellement figurer en tête de l'adresse.

Vous pouvez apporter votre télégramme à la poste ou le téléphoner de chez vous (contre paiement d'une taxe supplémentaire). Le prix varie suivant le nombre de mots. Contre paiement d'une taxe spéciale, vous pouvez envoyer un télégramme urgent, un télégramme avec réponse payée, un télégramme avec accusé de réception, un télégramme illustré (pour un anniversaire, par exemple).
Les télégrammes destinés à l'étranger peuvent aussi être envoyés comme télégrammes-lettres; l'acheminement est un peu moins rapide, mais le coût est égal à la moitié de celui d'un télégramme ordinaire.

10 Ouvrir un compte-courant postal.
11 Faire suivre votre courrier (contre paiement d'une taxe de réexpédition).

12 Faire garder votre courrier (contre paiement d'une taxe spéciale).

13 Placer de l'argent à la Caisse Nationale d'Epargne.

14 Acheter des Bons du Trésor.

15 Acheter des billets de la Loterie Nationale (et recevoir le paiement des lots).

16 Recevoir les paiements de pensions civiles et militaires.

17 Louer une boîte postale.

18 Obtenir des chèques postaux de voyage (payables dans tous les bureaux de poste).

19 Envoyer un pneumatique (dans la région parisienne seulement). Un pneumatique est une lettre transmise par tubes souterrains; sa transmission demande généralement moins de deux heures. Le prix d'un pneumatique varie suivant son poids.

Comme dans beaucoup d'autres pays, les bureaux de poste sont de plus en plus encombrés. Pour accélérer les opérations, de nombreux guichets sont maintenant pourvus de machines à affranchir et à enregistrer. Le ministère doit résoudre les problèmes de tri, d'acheminement et de distribution. On mécanise les opérations de tri, on améliore les moyens de transport et on accroît la motorisation de la distribution postale. Cette modernisation du service postal va exiger la collaboration des usagers; par exemple, ils ne pourront utiliser que certains formats d'enveloppe et ils devront employer un code numérique dans la suscription des adresses.

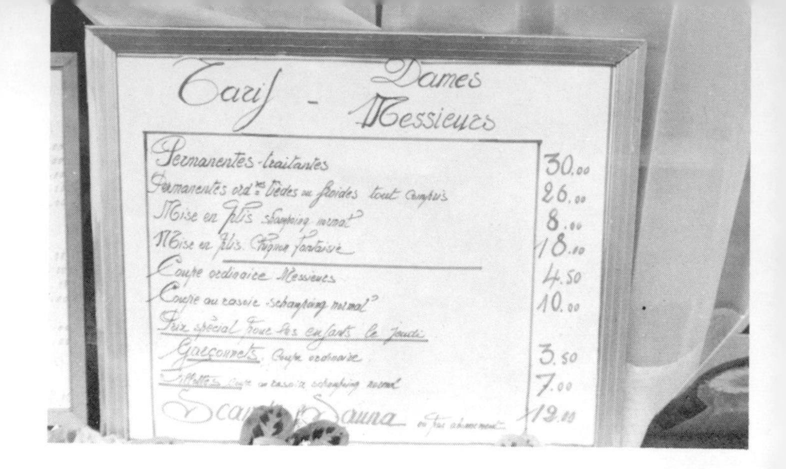

21 Chez le coiffeur pour dames

En général, Suzanne ne jette pas l'argent par les fenêtres, mais elle ne regarde pas à la dépense quand il s'agit de ses cheveux. Son coiffeur est un des meilleurs de Paris . . .

Réceptionniste Bonjour, mademoiselle. Avez-vous rendez-vous?
Suzanne Oui, madame. Je m'appelle Suzanne Duparc. J'ai rendez-vous à deux heures.
Réceptionniste C'est pour une permanente, n'est-ce pas?
Suzanne Oui, c'est ça.

Shampouineuse Asseyez-vous dans ce fauteuil, mademoiselle. Préférez-vous un shampooing normal ou un shampooing traitant?
Suzanne Un shampooing normal suffira.
Shampouineuse Je vous fais un rinçage aussi?
Suzanne Non, merci, ça va comme ça.
Shampouineuse Voilà, mademoiselle, c'est terminé. Je vous amène maintenant chez Tony.

Tony Bonjour, mademoiselle. Qu'est-ce que nous allons vous faire aujourd'hui?
Suzanne Je voudrais une permanente très souple.
Tony Vous avez raison. La mode est aux cheveux très flous. D'abord je vais vous couper les cheveux.
Suzanne D'accord, mais pas trop courts.

Tony Bien, maintenant je crois que nous pouvons neutraliser et faire la mise en plis. . . . Voulez-vous bien me passer les gros rouleaux et les piques? . . . Voilà, maintenant le filet. Comment préférez-vous le séchoir?
Suzanne Pas trop chaud, s'il vous plaît.
Tony Ça va comme ça?
Suzanne Oui, c'est parfait. Voulez-vous bien appeler la manucure?

La manucure	Quel vernis préférez-vous?
Suzanne	Je voudrais un vernis nacré.

Tony	Comment préférez-vous être coiffée? Voulez-vous une raie?
Suzanne	Non, je n'aime pas avoir de raie.
Tony	Cet effet de chignon vous va très bien.... La frange est un peu trop longue; je vais la recouper.... Comment voulez-vous les côtés?
Suzanne	Les oreilles dégagées, je crois.
Tony	Je vous laisse une mèche sur les oreilles? C'est à la mode.
Suzanne	Oui, j'aime bien une mèche comme ça.
Tony	Voilà, mademoiselle. Est-ce que cela vous plaît?
Suzanne	Oui, mais ne mettez pas trop de laque.
Tony	Juste un nuage.
Suzanne	C'est parfait. C'est combien?
Tony	Soixante-cinq francs. Payez à la caisse, s'il vous plaît. Merci, mademoiselle.

Exercices structuraux

1 *Exemple* Chez quel coiffeur va-t-elle? (cheveux)
Elle va chez un des meilleurs coiffeurs de la ville. Elle ne regarde pas à la dépense quand il s'agit de ses cheveux.

Chez quel coiffeur va-t-elle? (cheveux)
Chez quel docteur va-t-elle? (santé)
Chez quel dentiste va-t-elle? (dents)
Chez quelle couturière va-t-elle? (robes)
Chez quel décorateur va-t-elle? (appartement)
Chez quel garagiste va-t-elle? (voiture)
Chez quel opticien va-t-elle? (yeux)

2 *Exemple* Je vais vous mettre de la laque.
D'accord. Mais ne m'en mettez pas trop.

Je vais vous mettre de la laque.
Je vais vous acheter du pain.
Je vais vous poser des questions.
Je vais vous demander des conseils.
Je vais vous servir de la viande.
Je vais vous donner des comprimés d'aspirine.
Je vais vous verser du vin.

3 *Exemple* Est-ce que Marguerite va se faire couper les cheveux?
Mais non, elle se les est fait couper la semaine dernière.

Est-ce que Marguerite va se faire couper les cheveux?
Est-ce que Paul va se faire couper les cheveux?
Tu vas te faire couper les cheveux?
Les enfants vont se faire couper les cheveux?
Vous deux, vous allez vous faire couper les cheveux?
Suzanne va se faire couper les cheveux?
Paul et Henri, vous allez vous faire couper les cheveux?

4 *Exemple* C'est pour une permanente? a demandé la réceptionniste.
La réceptionniste a demandé si c'était pour une permanente.

C'est pour une permanente? a demandé la réceptionniste.
Vous avez rendez-vous à quelle heure? a demandé la réceptionniste.
Préférez-vous un shampooing normal ou un shampooing traitant? a demandé le coiffeur.
Est-ce qu'un shampooing normal suffira? a demandé Suzanne.
Qu'est-ce que vous désirez aujourd'hui? a demandé Tony.
Je dois vous laisser une mèche sur les oreilles mademoiselle? a demandé le coiffeur.
Est-ce que cela vous plaît? a demandé le coiffeur.
Combien est-ce que ça coûte? a demandé Suzanne.

5 *Exemple* Suzanne prend un rendez-vous et puis elle va chez le coiffeur.
Elle a pris un rendez-vous avant d'aller chez le coiffeur.

Suzanne prend un rendez-vous et puis elle va chez le coiffeur.
Le coiffeur lui lave les cheveux et puis il les coupe.
Il les rince et puis il fait la mise en plis.
Il lui met le filet et puis l'installe sous le séchoir.
Il enlève les rouleaux et puis il lui peigne les cheveux.
Suzanne se regarde dans la glace et puis elle donne un pourboire au coiffeur.
Elle passe à la caisse et puis elle part.

Questions

Vous allez entendre six questions et réponses. Chaque question sera ensuite répétée et suivie d'une pause pendant laquelle vous donnerez votre réponse.

Est-ce que Suzanne est extravagante d'habitude?

Quand est-ce qu'elle ne regarde pas à la dépense?

Qu'est-ce qu'elle se fait faire cet après-midi chez le coiffeur?

De quoi se sert Tony pour faire la mise en plis?

Qu'est-ce que Suzanne se fait faire pendant qu'elle est sous le séchoir?

Est-ce qu'elle veut une raie?

22 A la gare

Depuis quelques jours, Paris connaît une vague de chaleur. Comme beaucoup d'autres Parisiens, Suzanne et Marguerite quittent la capitale et vont passer la fin de la semaine à la mer. Pour aller à Deauville, le train est plus rapide et plus sûr que la voiture.

Suzanne Je voudrais deux billets pour Deauville, s'il vous plaît.
Employé Aller ou aller et retour?
Suzanne Aller et retour, en deuxième.
Employé Quatre-vingt-quatorze francs, mademoiselle.
Marguerite A quelle heure est-ce que le train part?
Suzanne A neuf heures juste, voie numéro vingt-quatre. Viens par ici, Marguerite. ... Voici un wagon de deuxième.
Marguerite Voici un compartiment libre.
Suzanne Bien, prenons les places près de la fenêtre. Mettons la valise dans le filet.

Marguerite Nous partons ... juste à l'heure.

Marguerite Voici le contrôleur.
Contrôleur Vos billets, s'il vous plaît, mesdemoiselles.
Suzanne Les voici.
Contrôleur Merci. Ne les perdez pas. On vous les demandera à la sortie à Deauville.

Suzanne Nous arrivons à Lisieux. Nous devons descendre et prendre l'autorail.
Chef de gare Attendez l'arrêt complet du train pour descendre de voiture, s'il vous plaît.
Vendeur Bière, sandwiches, Perrier, coca, limonade...
Chef de gare En voiture! Attention au départ! Fermez les portières, s'il vous plaît. Attention au départ!
Suzanne Nous serons à Deauville dans une demi-heure.

Exercices structuraux

1 *Exemple* Va-t-on prendre des places près de la fenêtre?
Oui, prenons des places près de la fenêtre.

Va-t-on prendre des places près de la fenêtre?
Va-t-on mettre la valise dans le filet?
Va-t-on acheter des billets aller et retour?
Va-t-on voyager en deuxième classe?
Va-t-on descendre à Evreux pour voir la cathédrale?
Va-t-on boire quelque chose de frais?
Va-t-on aller au wagon-restaurant?

2 *Exemples* Le train part à dix-neuf heures dix.
Dix-neuf heures dix? C'est-à-dire à sept heures dix du soir?

Le train part à treize heures.
Treize heures? C'est-à-dire à une heure de l'après-midi?

Le train part à dix-neuf heures dix.
Le train part à treize heures.
Le train part à quatorze heures quinze.
Le train part à seize heures vingt.
Le train part à quinze heures quarante-cinq.
Le train part à treize heures cinquante.
Le train part à vingt et une heures vingt-cinq.
Le train part à vingt-trois heures quarante.
Le train part à dix-huit heures trente.
Le train part à zéro heure.

3 *Exemple* Mangeons nos sandwiches.
Mais non, ne les mangeons pas tout de suite.

Mangeons nos sandwiches.
Buvons notre limonade.
Fermons la portière.
Descendons les valises.
Réservons nos places.
Assurons nos bagages.
Payons la note.
Appelons le porteur.

4 *Exemple* Prends des places près de la fenêtre, Marguerite, conseille Suzanne.
Suzanne lui conseille de prendre des places près de la fenêtre.

Prends des places près de la fenêtre, Marguerite, conseille Suzanne.
Réserve une couchette, Marguerite, conseille Madame Duparc.
Ne perdez pas vos billets, mesdemoiselles, dit le contrôleur.
Attendez l'arrêt complet du train, mesdemoiselles, dit le chef de gare.
Fermez les portières, messieurs, demande le chef de gare.
Faites attention de ne pas vous pencher au dehors, mademoiselle, dit le porteur.
Mets les valises dans le filet, Marguerite, dit Suzanne.

5 *Exemple* Attendez l'arrêt du train pour descendre.
Il est interdit de descendre avant que le train s'arrête.

Attendez l'arrêt du train pour descendre.
Attendez l'ouverture du portillon pour passer sur le quai.
Attendez l'arrivée du guide pour entrer dans le musée.
Attendez l'atterrissage de l'avion pour détacher vos ceintures.
Attendez le départ du bateau pour acheter du parfum.
Attendez le décollage de l'avion pour commencer à fumer.
Attendez la fin de la leçon pour bavarder.

Questions

Vous allez entendre six questions et réponses. Chaque question sera ensuite répétée et suivie d'une pause pendant laquelle vous donnerez votre réponse.

Quel temps fait-il à Paris depuis quelques jours?

Est-ce que Marguerite et Suzanne vont rester à Paris samedi et dimanche?

Pourquoi préfèrent-elles voyager par le train?

Où prennent-elles des places?

Pourquoi ne faut-il pas perdre les billets?

Qu'est-ce qu'il faut faire avant le départ du train?

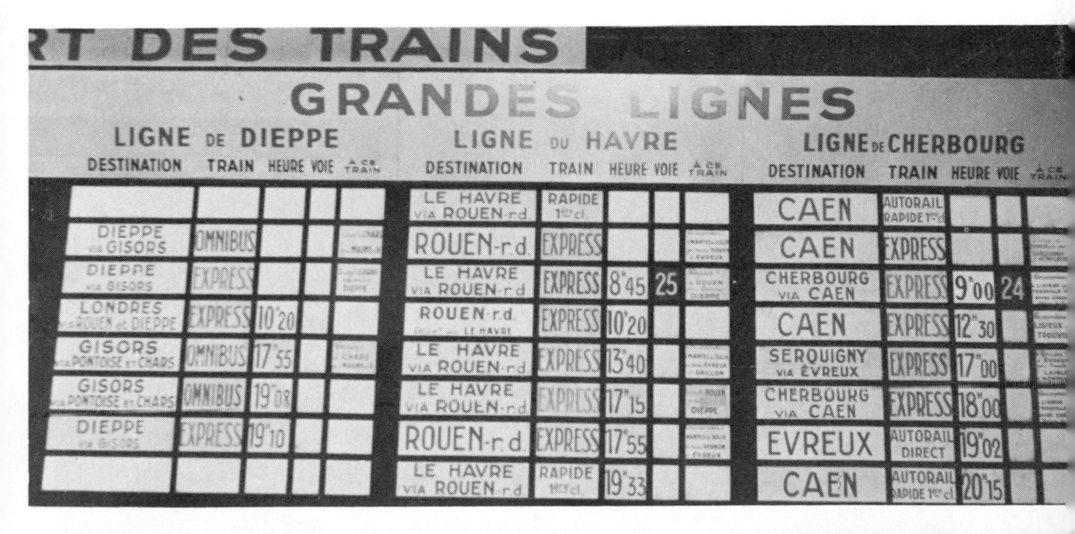

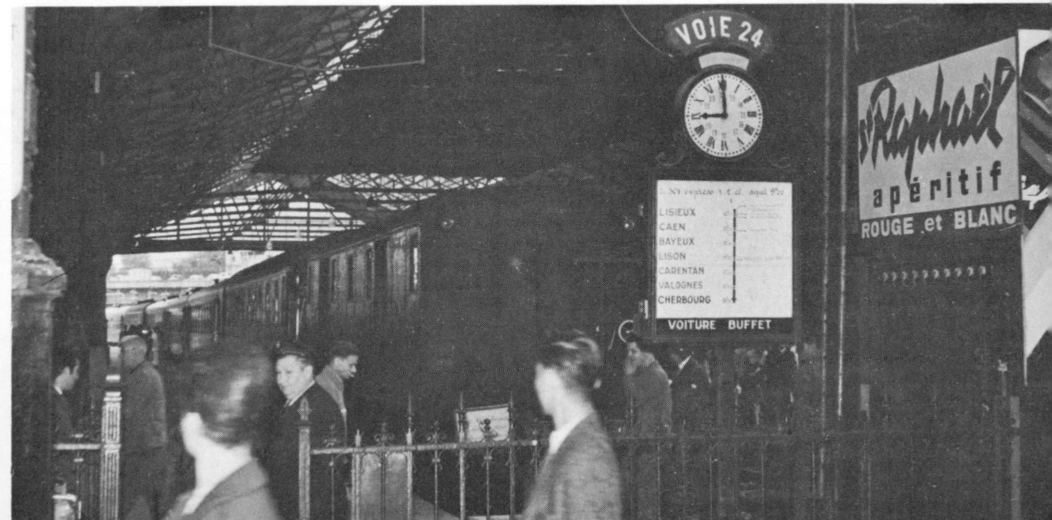

Voici le hall de la gare.

Avant de prendre le train, Marguerite et son amie consultent l'indicateur Chaix.

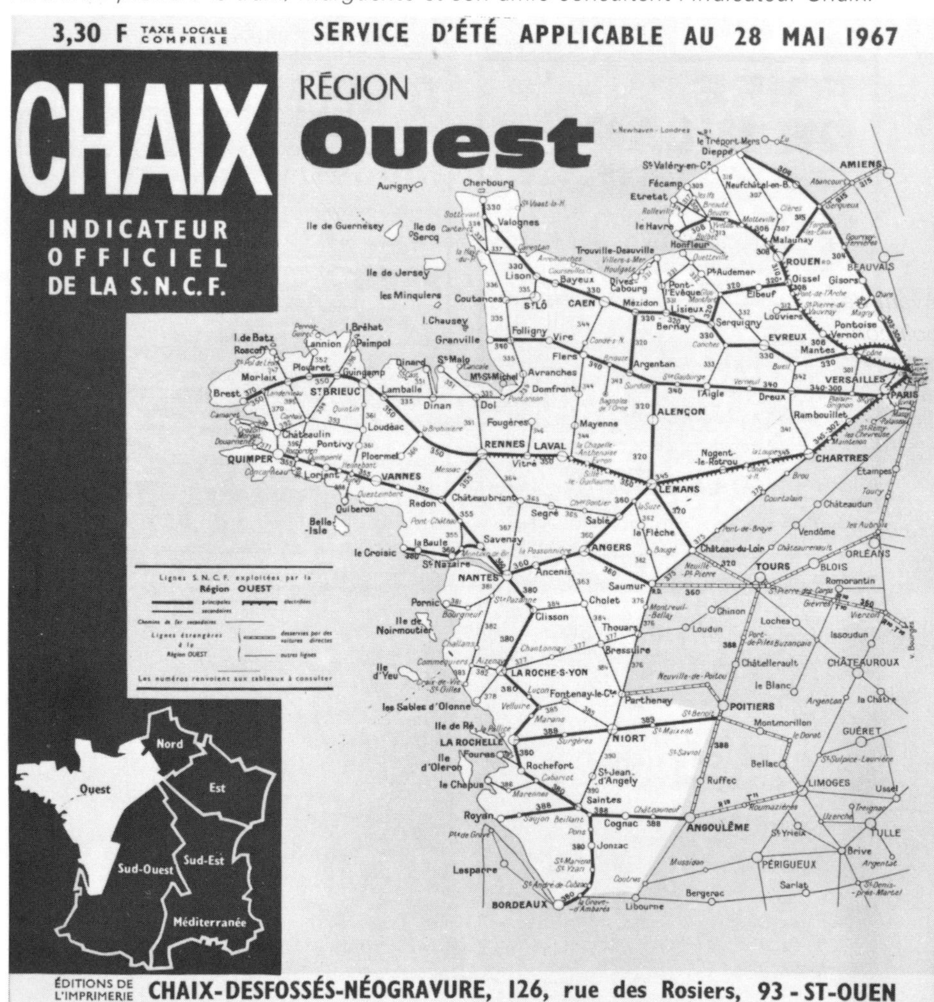

De Paris à Deauville par le train

La S.N.C.F. (Société Nationale des Chemins de Fer Français) est administrée par le gouvernement français. Les trains français sont rapides et ponctuels.

Il y a six grandes gares à Paris: Gare du Nord (pour le nord de la France), Gare de l'Est (pour l'est de la France), Gare de Lyon (pour le sud-est de la France), Gare d'Austerlitz (pour le sud-ouest de la France), Gare Montparnasse (pour l'ouest de la France), et Gare Saint-Lazare (pour le nord-ouest de la France). Les trains pour Deauville partent de la gare Saint-Lazare.

Avant de prendre le train, Marguerite et Suzanne consultent l'indicateur Chaix. Elles décident de prendre le train 2365 qui quitte Paris à neuf heures et arrive à Lisieux à dix heures cinquante-cinq. A Lisieux, elles prendront l'autorail qui quitte Lisieux à onze heures trois et arrive à Trouville-Deauville à onze heures vingt-neuf.

Suzanne et Marguerite arrivent à la gare Saint-Lazare à huit heures cinquante. Elles ont dix minutes pour prendre leurs billets et monter dans le train.

Avant de passer sur le quai, il faut montrer son billet à un contrôleur; il le poinçonne.

La S.N.C.F. modernise son équipement. Voici un des nouveaux wagons de première classe.

Quand vous êtes fatigué d'être assis, vous pouvez rester debout dans le couloir. . . .

. . . ou bien aller manger dans le wagon-restaurant.

A Lisieux, Marguerite et Suzanne descendent du train et montent dans l'autorail.

oici la gare de rouville-Deauville.

II 9 2 2 4 4
047.00
3 PARIS
ETOUR DE
HAVRE
UVILLE
AUVILLE
k Val 20 j.
2
LLER A
2
HAVRE
JVILLE-D.

Voici un des billets que Marguerite et Suzanne ont achetés. C'est un aller et retour pour Trouville-Deauville en deuxième classe. Il coûte quarante-sept francs; il a été acheté le dix-sept juillet mille neuf cent soixante-neuf et il est valable vingt jours. Il y a deux cent vingt-neuf kilomètres de Paris à Deauville.

Si vous avez des amis qui veulent vous accompagner sur le quai, ils doivent acheter un ticket de quai. Chaque ticket coûte un franc.

Le tableau de départ des trains indique que le train de neuf heures part de la voie vingt-quatre.

200227
TICKET DE QUAI
NON ECHANGEABLE
NI REMBOURSABLE
CE TICKET NE DONNE PAS
ACCES DANS LES VOITURES
PARIS
St-LAZARE
(72)
PRIX: 1.00
200227

los jeunes amies ont reparties le imanche 19 juin ar le train de 8h 47.

23 Au restaurant

Suzanne et Marguerite ont pris un taxi pour aller de la gare à leur hôtel. Il ne leur a fallu que quelques minutes pour s'installer, se rafraîchir un peu et se mettre à la recherche d'un bon restaurant. Heureusement ce ne sont pas les restaurants qui manquent à Deauville.

Marguerite Nous voici à Deauville. J'ai très faim.
Suzanne Dépêchons-nous d'aller déjeuner.
Marguerite Voici un bon restaurant.
Suzanne Une table pour deux, s'il vous plaît.
Garçon Par ici, mesdemoiselles. La carte ou le menu à prix fixe?
Suzanne La carte, je crois.
Garçon Avez-vous choisi?
Suzanne Oui, donnez-nous un hors-d'œuvre variés, six escargots de Bourgogne, deux biftecks, des haricots verts et une salade de laitue.
Garçon Comment voulez-vous les biftecks?
Suzanne Pour mademoiselle, à point – et pour moi, saignant.
Garçon Et comme boisson?
Suzanne Une demi-bouteille de rosé d'Anjou.

Garçon Que désirez-vous comme dessert?

Suzanne Nous prendrons du fromage de Gruyère et des poires. Et, bien sûr, une bonne tasse de café.

Garçon Voici l'addition, mesdemoiselles.
Suzanne Merci.

Exercices structuraux

1 *Exemple* Vous avez timbré vos lettres? Il y a une levée dans cinq minutes.
Dépêchons-nous de les timbrer.

Vous avez timbré vos lettres? Il y a une levée dans cinq minutes.
Vous avez acheté les billets? Le guichet va fermer.
Vous avez commandé le vin? Le maître d'hôtel attend.
Vous voulez vous asseoir? Il y a très peu de place.
Avez-vous fini vos devoirs? Le feuilleton va commencer.
Vous avez sorti les verres? Les invités arrivent.
Vous avez épluché les pommes de terre? L'eau bout.

2 *Exemple* Vous pourriez manger un peu de ce bifteck?
Je pense bien que je pourrais en manger! Ce bifteck a l'air délicieux et j'ai très faim.

Vous pourriez manger un peu de ce bifteck?
Vous pourriez manger un peu de ce pâté?
Vous pourriez manger un peu de cette salade?
Vous pourriez manger un peu de ce jambon?
Vous pourriez manger un peu de cette tarte?
Vous pourriez manger un peu de ce rôti?
Vous pourriez manger un peu de cette compote?

3 *Exemple* Les jeunes filles se sont installées dans leur chambre.
Il ne leur a fallu que quelques minutes pour s'installer dans leur chambre.

Les jeunes filles se sont installées dans leur chambre.
Elles ont trouvé un bon restaurant.
Suzanne s'est habillée.
Marguerite a défait sa valise.
Elles ont trouvé une table à la terrasse.
Le touriste a garé sa voiture derrière l'hôtel.
Elles sont rentrées à l'hôtel.

4 *Exemple* Il y a beaucoup de restaurants à Deauville.
Je vous crois, ce ne sont pas les restaurants qui manquent à Deauville.

Il y a beaucoup de restaurants à Deauville.
Il y a beaucoup de librairies sur la rive gauche.
Il y a beaucoup de cinémas le long des Champs-Elysées.
Il y a beaucoup de jardins publics à Aix-en-Provence.
Il y a beaucoup de stations d'essence le long de la route.
Il y a beaucoup d'H.L.M. en banlieue.
Il y a beaucoup de touristes au mois d'août.
Il y a beaucoup d'agents de police à Paris.

5 *Exemple* Les jeunes filles sont affamées en arrivant à Deauville. (restaurant)
Il faut qu'elles se mettent à la recherche d'un restaurant.

Les jeunes filles sont affamées en arrivant à Deauville. (restaurant)
Nous avons un pneu de crevé. (garage)
Tu veux visiter le château, Marguerite? (guide)
J'ai vraiment trop de travail. (une secrétaire)
Nous avons trouvé un blessé au bord de la route. (poste de secours)
Marguerite veut envoyer un télégramme. (bureau de poste)
Je ne gagne pas assez d'argent. (meilleure situation)

Questions

Vous allez entendre six questions et réponses. Chaque question sera ensuite répétée et suivie d'une pause pendant laquelle vous donnerez votre réponse.

Comment est-ce que Marguerite et Suzanne vont de la gare à leur hôtel?

Ont-elles mis longtemps à s'installer dans leur chambre?

Que faut-il faire quand on a très faim à midi?

Est-ce qu'elles demandent la carte ou le menu à prix fixe?

Comment est-ce que Suzanne aime son bifteck?

Que prennent-elles comme dessert?

A. Harmaniantz

AU CENTRE DE DEAUVILLE

Une cuisine soignée
Un accueil sympathique
Dans un cadre fleuri

PLATS DU JOUR

Tripes Normande	9,40
Andouillette Grillée	9,40
Choucroute Garnie	9,90
1/2 Coquelet Rôti	9,35
Steack Haricots Verts	10,00
Escalope Petits Pois	10,50
Faux Filet Pommes Frites	10,50
Poulet Basquaise	10,50
Gigot d'agneau Flageolets	12,00
Côtes d'agneau 2 Pièces	13,00
Châteaubriant Maître d'hôtel	13,20

Terrine du Chef	6,60
Jambon de Paris	5,50
Oeuf en Gelée	3,50
Salade de Tomates	3,50
Crêpes Deauvillaise	7,10
Jambon de Parme	11,00
Foie Gras Truffé	14,30
Thon à l'huile	4,90
Sardines à l'huile	3,50
Hors-d'oeuvre variés	4,00
Salade de Saison	2,75
Tous les Fromages	3,20
Fruits de Saison S.G.	
Tarte du Chef	4,00
Ananas au Kirsch	4,40
Crème Caramel	3,50
Crème fraîche	3,80

POISSONS

Langouste Mayonnaise S.G.	
Moules Marinière	6,00
Moules à la Crème	6,60
Langoustines Mayonnaise	9,00
Crevettes du Pays	6,60
Fruits de Mer à l'Américaine	10,50
Gratin de Langouste	11,00
Sole Meunière de l'Océan	12,50
Filets de Sole Normande	13,20
Saumon Fumé avec Toasts	12,20
1/2 dz. Escargots de Bourgogne	5,00
Soupe de Poissons	6,60
Caviar Sur Toast	21,00
Coquille St. Jacques	9,00

GLACES

Parfait. Cassatte. Mystère	4,40
Tranche Napolitaine	3,80

SERVICE 15% EN SUS

Les repas en France

Le petit déjeuner d'une famille française est généralement très simple et rapide. On boit du café noir, du café au lait ou du chocolat (on boit peu de thé en France); le café est très fort et très noir; dans certaines familles, on donne aux enfants un produit chocolaté (comme le *Banania*). Le café au lait (mélange de café et de lait chaud) se sert généralement dans une grande tasse ou dans un bol. On mange du pain avec du beurre et des confitures, des croissants ou des brioches. Les jus de fruit commencent à devenir populaires. Ceux qui commencent leur travail tôt le matin (les ouvriers surtout) s'arrêtent généralement vers neuf heures pour manger un casse-croûte (pain, fromage, jambon, vin). Dans les bureaux, la pause-café se fait de plus en plus.

Le déjeuner est le repas le plus important de la journée. La plupart des Français (adultes et écoliers) ont deux heures de repos pour le déjeuner et ils rentrent à la maison; ce repas comprend des hors-d'œuvre, un plat de viande, des légumes, une salade, un choix de fromages et un dessert. Les adultes boivent du vin; les enfants boivent du vin "baptisé" (vin et eau). Pour les adultes, le repas se termine par un café noir très fort.

Photo Roger Viollet

Les enfants goûtent vers quatre heures et demie. Ce goûter se compose généralement d'un morceau de pain et d'un morceau de chocolat, d'un gâteau ou d'un fruit.

Le dîner a lieu vers sept heures et demie. Il est moins copieux que le déjeuner: une soupe ou potage, des œufs ou du poisson ou une viande froide, des légumes, un dessert. On boit du vin.

Dans quelques usines et bureaux, on fait la journée continue. Le repos de midi ne dure qu'une trentaine de minutes; les employés déjeunent à la cantine de la compagnie ou dans un restaurant libre-service voisin. Mais le principe de la journée continue se heurte à de vives résistances et ses progrès ont été beaucoup moins rapides que ses adeptes l'espéraient.

A l'heure du déjeuner et du dîner, la coutume est de dire "Bon appétit" si vous savez que la personne que vous quittez est sur le point d'aller déjeuner ou dîner. Les hommes ne poussent pas la chaise de leurs compagnes pour les aider à s'asseoir. Il y a très peu de familles où l'on récite le bénédicité, mais il est courant que le père de famille trace un signe de croix avec la pointe de son couteau sur le dos du pain avant de le couper.

A Paris, vous n'aurez pas de difficultés pour trouver un restaurant libre-service (un "self" comme certaines personnes les appellent) où vous pourrez prendre un déjeuner relativement léger, mais en province vous serez souvent obligé de commander un déjeuner à la française (même si vous devez laisser la moitié des plats). Une solution est de vous arrêter dans un magasin d'alimentation et d'acheter ce que vous désirez. Généralement, les restaurants servent le déjeuner de midi à deux heures et le dîner de sept heures à neuf heures

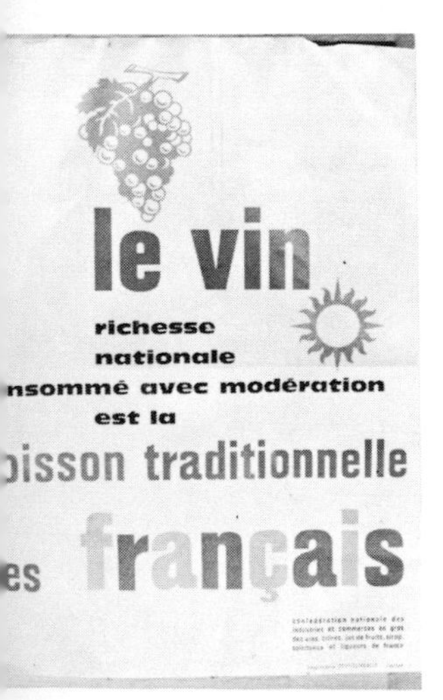

Vous trouverez généralement une carafe d'eau (plutôt tiède) sur votre table; ne demandez pas un verre d'eau avec de la glace. Le garçon s'attend à ce que vous commandiez du vin; si vous ne pouvez pas vous y résoudre, commandez une bouteille d'eau minérale: Vichy, Vittel, Evian, Perrier, etc. (cette eau minérale vous sera généralement servie froide).

Ne demandez pas votre café ou votre salade au début du repas. Pour la salade, vous devrez vous contenter d'un assaisonnement à l'huile et au vinaigre. Ne demandez pas de la crème avec votre café à la fin du déjeuner. Si vous avez l'esprit aventureux, commandez un café filtre (une cafetière en miniature posée sur une tasse) ou un café arrosé (une tasse de café avec un petit verre de rhum ou de cognac). Il n'y a pas de sucrier sur la table; on vous apporte deux ou trois morceaux de sucre avec votre café (vous pouvez en demander davantage).

Souvenez-vous, avant tout, que chaque pays a sa propre culture, ses propres habitudes, et qu'il en est fier. La plupart des propriétaires de restaurants, les cuisiniers, les garçons sont fiers des plats qu'ils préparent et qu'ils servent. En France, il est plus simple — et souvent plus agréable — de manger comme les Français.

24 A la plage

Il y a tellement de monde au restaurant que le service est très lent. Il est plus de deux heures lorsque Marguerite et Suzanne sortent de table. Elles passent à l'hôtel pour prendre leurs maillots de bain et elles se dirigent vers la plage . . .

Marguerite Quel temps magnifique!
Suzanne Nous avons de la chance, tu sais; ce n'est pas tous les ans qu'on peut se baigner à Deauville en juin.
Marguerite Allons à l'autre bout de la plage; il y a moins de monde.
Suzanne Voici un joli endroit. Je vais me baigner tout de suite.
Marguerite Pas moi; d'abord, je vais prendre un bain de soleil.
Suzanne J'aime beaucoup ton maillot.
Marguerite Merci. Si tu vas te baigner, n'oublie pas de mettre ton bonnet de bain.
Suzanne Tu ne veux pas venir maintenant?
Marguerite Non, plus tard. Dis-moi si l'eau est froide.
Suzanne Eh bien, garde mes lunettes de soleil, s'il te plaît. Je vais plonger.

Marguerite Comment est l'eau?
Suzanne Parfaite.
Marguerite Mets ton peignoir, tu es toute mouillée.
Suzanne Non, ce n'est pas la peine. Je vais me sécher au soleil.
Marguerite Fais attention de ne pas attraper un coup de soleil.

Exercices structuraux

1 *Exemple* **Il y a tellement de monde au restaurant que le service est très lent.**

Complétez les phrases suivantes de la même façon en choisissant une locution dans la liste ci-dessous:

Il y a tellement de monde au restaurant ....
Il y a tellement de baigneurs dans la mer ....
Il y a tellement de maillots de bain dans les magasins ...
Il y a tellement de journées sans soleil ....
Il y a tellement de bicyclettes dans la rue ....
Il y a tellement de tables sur la terrasse ....
Il y a tellement d'enfants sur la plage ....

il est impossible de bronzer
le sable est complètement caché
le choix en est difficile
les voitures ne peuvent pas passer
il n'est plus possible de nager
le garçon peut à peine se déplacer
le service est très lent

2 *Exemple* N'attrapez pas un coup de soleil.
Faites attention de ne pas attraper un coup de soleil.

N'attrapez pas un coup de soleil.
Ne laissez pas tomber vos lunettes de soleil.
Ne perdez pas le billet de retour.
Ne restez pas trop longtemps au soleil.
Ne tombez pas dans l'escalier.
Ne vous blessez pas avec ce couteau à pain.
Ne vous endormez pas en conduisant.

3 *Exemple* Va-t-elle plonger maintenant?
Non, elle n'en a pas envie. Elle va plonger plus tard.

Va-t-elle plonger maintenant?
Vas-tu te baigner maintenant?
Vont-elles prendre un bain de soleil maintenant?
Vous et Suzanne, allez-vous vous sécher au soleil?
Vas-tu t'allonger sur le sable maintenant?
Est-ce que maman va se reposer à l'ombre maintenant?
Est-ce que les enfants vont se rhabiller maintenant?

4 *Exemple* Je me suis baignée à Deauville en juin cette année.
Tu as de la chance; ce n'est pas tous les ans qu'on peut se baigner à Deauville en juin.

Je me suis baignée à Deauville en juin cette année.
Ils ont fait une promenade en bateau aujourd'hui.
Elle a pris un bain de soleil sur la plage ce matin.
J'ai reçu une augmentation de salaire le mois dernier.
Je suis allé voir un bon film samedi soir.
Vous avez pris vos vacances au Maroc cette année, mes amis?
J'ai gagné aux courses cette semaine.

5 *Exemple* J'ai acheté un maillot de bain.
Quoi! Encore un maillot de bain! Vous n'auriez pas dû en acheter un autre.

J'ai acheté un maillot de bain.
J'ai pris un bain de soleil.
Je vous ai préparé un pique-nique.
Je me suis fait un nouveau peignoir.
J'ai mangé une glace.
J'ai envoyé un télégramme.
J'ai bu un verre de vin.

Questions

Vous allez entendre six questions et réponses. Chaque question sera ensuite répétée et suivie d'une pause pendant laquelle vous donnerez votre réponse.

Pourquoi est-ce que le service est si lent?

Où passent-elles avant de se diriger vers la plage?

Pourquoi vont-elles à l'autre bout de la plage?

Pourquoi est-ce que Suzanne ne met pas son peignoir en sortant de l'eau?

Qu'est-ce que Marguerite va faire avant de se baigner?

Que fait Suzanne avant de plonger?

Deauville est bien connu pour sa belle plage et son casino.

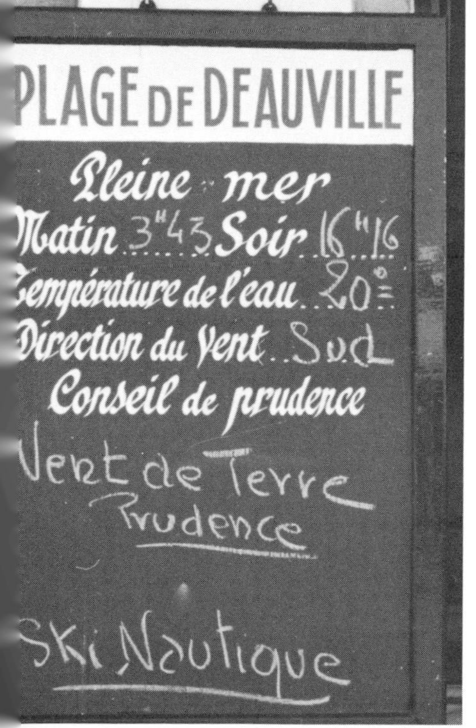

Ce qu'il faut savoir avant de se baigner.

Remarquez le style normand de ces maisons. . . .

. . . et de la mairie.

25 Chez le docteur

Suzanne ne suit pas les conseils de prudence que Marguerite lui a donnés. Elle reste au soleil beaucoup trop longtemps et elle devient rouge comme une écrevisse. Elle passe une mauvaise nuit et le lendemain matin décide d'appeler un docteur. . . .

Docteur Bonjour, mademoiselle. Qu'est-ce qui ne va pas?
Suzanne J'ai mal à la tête, j'ai mal à l'estomac, j'ai des douleurs partout.
Docteur Voyons . . . Vous avez de la fièvre?
Suzanne Oui, mais j'ai aussi des frissons.
Docteur Combien de temps avez-vous passé au soleil hier?
Suzanne Presque toute la journée.
Docteur C'est ça. Vous avez attrapé une insolation.
Suzanne Que faut-il faire?
Cocteur Je vais vous faire une piqûre.
Suzanne Est-ce que je dois prendre des médicaments?
Docteur Oui, voici une ordonnance. Et il faut rester au lit.
Suzanne Rester au lit! Mais je suis en vacances!
Docteur Oh, après une bonne journée de repos, vous irez beaucoup mieux.

Marguerite Je vais aller acheter tes médicaments. Où est la pharmacie la plus proche?
Suzanne Tu sais, à l'heure du déjeuner, il y en a beaucoup qui sont fermées, mais je crois qu'il y en a une d'ouverte au coin de la rue.

Marguerite Bonjour, monsieur. J'ai une ordonnance du médecin. Est-ce que ça va être long à préparer?
Pharmacien Non, mademoiselle. Une petite minute.
Marguerite C'est pour mon amie; elle a attrapé une insolation à la plage hier après-midi.
Pharmacien Elle n'est pas la seule. C'est la huitième fois que je prépare ce médicament depuis ce matin. Que voulez-vous, toutes ces jeunes filles espèrent bronzer en un après-midi. Ce n'est pas raisonnable!

Exercices structuraux

1 *Exemple* Chez qui faut-il aller pour se faire faire une piqûre?
Pour se faire faire une piqûre il faut aller chez le docteur.

Chez qui faut-il aller pour se faire faire une piqûre?
Chez qui faut-il aller pour obtenir des médicaments?
Chez qui faut-il aller pour se faire couper les cheveux?
Chez qui faut-il aller pour acheter du pain?
Chez qui faut-il aller pour se faire faire une robe?
Chez qui faut-il aller pour acheter de la viande?
Chez qui faut-il aller pour se faire soigner les dents?

2 *Exemple* Suivez les conseils que je vous donne.
Mais Marguerite ne les a pas suivis.

Suivez les conseils que je vous donne.
Remplissez les formules que je vous envoie.
Prenez les tisanes que je vous conseille.
Apprenez les poèmes que je vous donne.
Lisez les romans que je vous recommande.
Prenez les pilules que je vous prescris.
Ecrivez les phrases que je vous dicte.

3 *Exemple* Toutes les pharmacies sont fermées?
Je crois qu'il y en a une d'ouverte.

Toutes les pharmacies sont fermées?
Tous les théâtres sont fermés?
Tous les cinémas sont fermés?
Toutes les banques sont fermées?
Tous les musées sont fermés?
Toutes les épiceries sont fermées?
Tous les restaurants sont fermés?
Toutes les charcuteries sont fermées?

4 *Exemple* Mon amie a attrapé une insolation.
Elle a attrapé une insolation? Elle n'est pas la seule à avoir attrapé une insolation.

Mon amie a attrapé une insolation.
Paul a perdu son billet de retour.
Marguerite s'est évanouie à cause de la chaleur.
Les Desgranges ont eu un accident sur l'autoroute.
Marguerite s'est perdue dans le métro.
Le petit a laissé tomber son chapeau du haut de la Tour Eiffel.
Mes parents sont revenus très fatigués.

5 *Exemples* Paul doit se reposer.
Après s'être reposé, il ira beaucoup mieux.

Paul doit prendre de l'aspirine.
Après avoir pris de l'aspirine, il ira beaucoup mieux.

Paul doit se reposer.
Paul doit prendre de l'aspirine.
Paul doit rester au lit quelques jours.
Il doit se faire faire une piqûre.
Il doit avaler ces pilules.
Suzanne doit boire une tasse de tisane.
Elle doit aller en vacances.
Elle doit dormir un peu.

Questions

Vous allez entendre six questions et réponses. Chaque question sera ensuite répétée et suivie d'une pause pendant laquelle vous donnerez votre réponse.

Qu'est-ce que Suzanne a fait malgré les conseils de Marguerite?

Avec quel résultat?

Qu'est-ce qu'elle a dû faire le lendemain matin?

Pourquoi n'est-elle pas contente de passer même un seul jour au lit?

Pourquoi est-ce que la pharmacie risque d'être fermée?

Le pharmacien trouve que les jeunes filles ne sont pas raisonnables. Pourquoi?

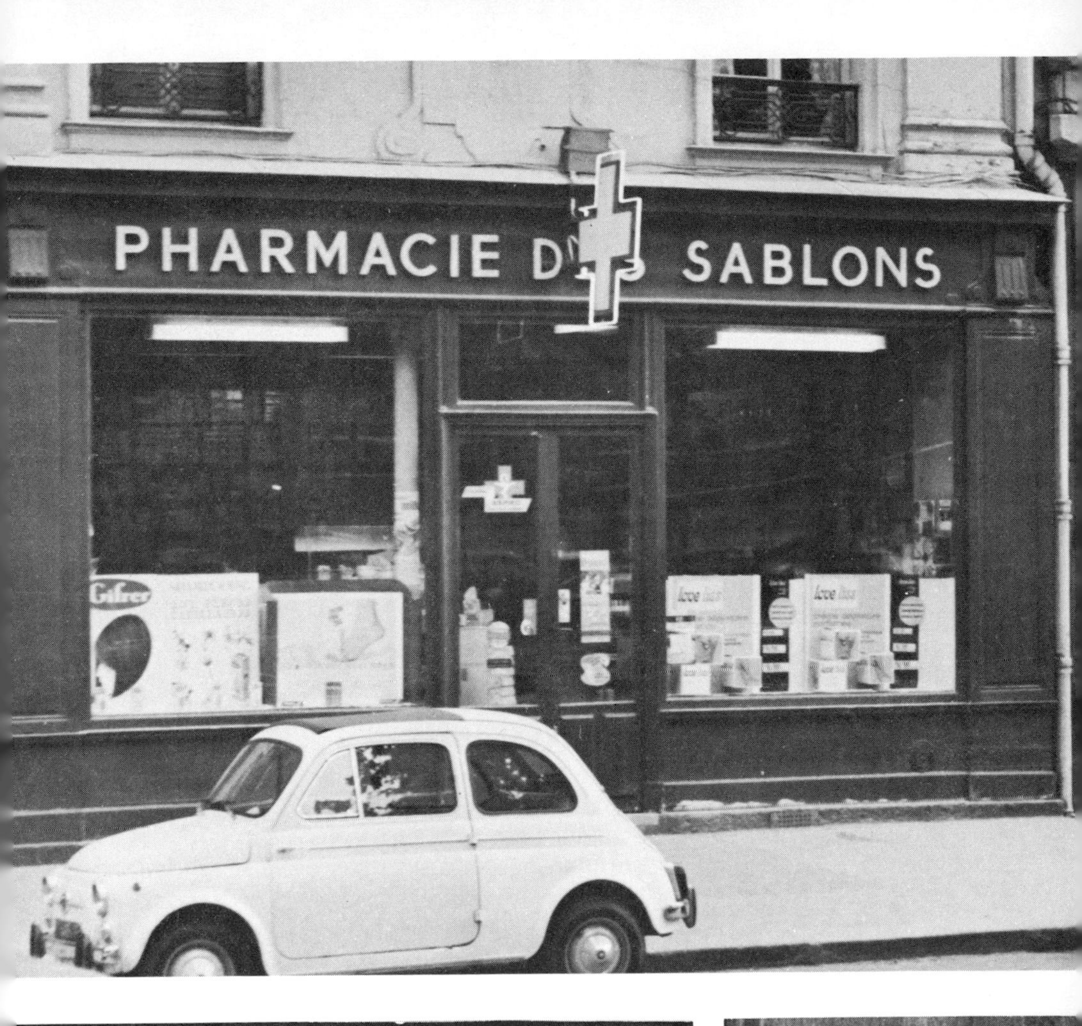

Fermeture Annuelle
de la Pharmacie

du 1er AOÛT

au 31 AOÛT

TOUS RENSEIGNEMENTS
DE S'ADRESSER
cie MUS 5 rue MEYERBEER
PARIS 9e

PHARMACIES DE GARDE :

26 A la banque

Monsieur Duparc est vraiment un père comme il y en a peu en France. Il a offert de se priver de sa voiture – une voiture toute neuve – pendant une semaine pour que Suzanne puisse emmener Marguerite en Bretagne et en Normandie. Les valises sont placées dans la malle arrière, Suzanne prend le volant, et c'est le départ . . . mais attention, il ne faut pas oublier l'essentiel.

Suzanne Nous devons nous arrêter à la banque. Je dois toucher un chèque.

Marguerite Et moi, je voudrais changer des livres en francs. Je veux être certaine d'en avoir assez pour notre voyage en Normandie et en Bretagne.

Suzanne Ça va être merveilleux, n'est-ce pas?

Marguerite Quelle chance que ton père veuille bien nous prêter sa voiture pour toute une semaine.

Suzanne Tu peux le dire! Il n'y a pas beaucoup de Français qui feraient ça pour leur fille . . . Nous voici arrivées à la banque.

Employé Bonjour, mesdemoiselles. Qu'y a-t-il pour votre service?

Suzanne Je voudrais toucher un chèque. Voici ma carte d'identité.

Employé Vous avez oublié d'endosser votre chèque, mademoiselle . . . Merci.

Marguerite Est-ce que je peux changer des livres anglaises?

Employé Oui, mais il faut vous adresser au guichet numéro 6.

Marguerite Je voudrais changer trente livres, s'il vous plaît.

2e Employé	Le cours est de treize francs vingt. . . . Signez ici . . . Voilà, c'est fait. Maintenant vous pouvez passer à la caisse.
Caissier	Quelles coupures préférez-vous?
Marguerite	Comment?
Caissier	Je veux dire comment désirez-vous votre argent?
Marguerite	Donnez-le-moi en billets de cent francs, s'il vous plaît.

Exercices structuraux

1 *Exemple*

Marguerite a besoin d'argent pour son voyage.

Il lui faut de l'argent pour son voyage; elle veut être certaine d'en avoir assez.

Marguerite a besoin d'argent pour son voyage.
J'ai besoin de robes pour mes vacances.
Madame Duparc a besoin de vin pour son coq au vin.
Nous avons besoin de café pour le petit déjeuner.
Tu as besoin de monnaie pour le pourboire.
Vous avez besoin de fleurs pour votre réception.
J'ai besoin d'essence pour demain matin.

2 *Exemple*

Un Français fait ça pour sa fille!

Il n'y a pas beaucoup de Français qui feraient ça pour leur fille.

Un Français fait ça pour sa fille!
Un employé fait ça pour son patron!
Un banquier fait ça pour son client!
Un professeur fait ça pour son élève!
Un mari fait ça pour sa femme!
Une sœur fait ça pour son frère!
Un enfant fait ça pour ses parents!

3 *Exemple*

Mon père va nous prêter sa voiture.

Quelle chance qu'il veuille bien nous la prêter!

Mon père va nous prêter sa voiture.
Le banquier va nous donner des conseils sur la Bourse.
L'hôtelier va nous donner les meilleures chambres.
Ma tante va nous inviter à sa soirée.
La couturière va me faire cette robe.
Le coiffeur va me donner rendez-vous pour demain.
Le dentiste va me plomber cette dent tout de suite.

4 *Exemple* Monsieur Duparc prête sa voiture à sa fille. (père)
C'est vraiment un père comme il y en a peu.

Monsieur Duparc prête sa voiture à sa fille. (père)
Paul n'oublie jamais la fête de sa mère. (fils)
Je comprends toujours les cours de monsieur Lebrun. (professeur)
Monsieur Duparc donne six semaines de vacances à ses employés. (patron)
Il sait se faire obéir de ses subordonnés. (chef)
Madame Servan fait tous les vêtements de ses enfants. (mère)
Anquetil a gagné le Tour de France quatre années de suite. (champion)

5 *Exemple* Suzanne voudrait emmener Marguerite en Bretagne.
Monsieur Duparc a offert de se priver de sa voiture pour que Suzanne puisse emmener Marguerite en Bretagne.

Suzanne voudrait emmener Marguerite en Bretagne.
Sa femme voudrait rendre visite à sa cousine en Normandie.
Les jeunes gens voudraient suivre le Tour de France.
La famille voudrait explorer le midi.
Son ami voudrait assister au mariage de sa fille.
Sa mère voudrait prendre ses vacances au mois de mai.
Son frère voudrait aller à l'exposition de Bruxelles.

6 *Exemple* Voulez-vous me donner l'argent en billets de cent francs, s'il vous plaît?
Donnez-le-moi en billets de cent francs si vous voulez.

Voulez-vous me donner l'argent en billets de cent francs, s'il vous plaît?
Voulez-vous nous prêter la voiture pour la semaine, s'il vous plaît?
Voulez-vous me raconter l'histoire encore une fois, s'il vous plaît?
Voulez-vous m'acheter les gants cet après-midi, s'il vous plaît?
Voulez-vous lui apporter votre carte d'identité demain, s'il vous plaît?
Voulez-vous leur envoyer votre photo dès votre retour, s'il vous plaît?
Voulez-vous me changer les billets en argent français, s'il vous plaît?

Questions

Vous allez entendre six questions et réponses. Chaque question sera ensuite répétée et suivie d'une pause pendant laquelle vous donnerez votre réponse.

Quel geste généreux a fait monsieur Duparc?

Pourquoi l'a-t-il prêtée à sa fille?

Qu'est-ce que Suzanne doit faire à la banque avant de partir?

Pourquoi est-ce que l'employé lui rend son chèque?

Combien de francs est-ce que Marguerite reçoit en échange de chacune de ses livres anglaises?

Quelles coupures demande-t-elle?

L'argent français

Le franc est divisé en 100 centimes. Voici les billets que vous verrez:

Le recto du billet de cinq francs présente un portrait de Pasteur et une vue des bâtiments de l'Institut Pasteur à Paris. Le verso présente un autre portrait de Pasteur et la statue du berger Jupille, second enfant sauvé de la rage, telle qu'on peut la voir à l'Institut Pasteur. Le filigrane représente un autre portrait de Pasteur.

Le recto du billet de dix francs présente un portrait de Voltaire et une reproduction du Palais des Tuileries tel que Voltaire pouvait le voir de son appartement. Le verso présente aussi un portrait de Voltaire et une vue du château de Cirey (où il a habité). Le filigrane représente Voltaire.

Le recto du billet de cinquante francs présente un portrait de Jean Racine, une vue de l'Abbaye de Port-Royal (où il a étudié), et les armoiries de Racine. Le verso présente un autre portrait de Racine, une vue de la ville de La Ferté-Milon (où Racine est né), et une statue de Melpomène (Muse de la tragédie). Le filigrane représente Andromaque (une des héroïnes de Racine).

Pasteur et l'Institut Pasteur

Voltaire et le Palais des Tuileries

Racine et l'Abbaye de Port-Royal

Corneille dans le théâtre du château de Versailles

Pasteur et la statue du berger Jupille

Voltaire et le château de Cirey

Racine et La Ferté-Milon

Corneille et la ville de Rouen

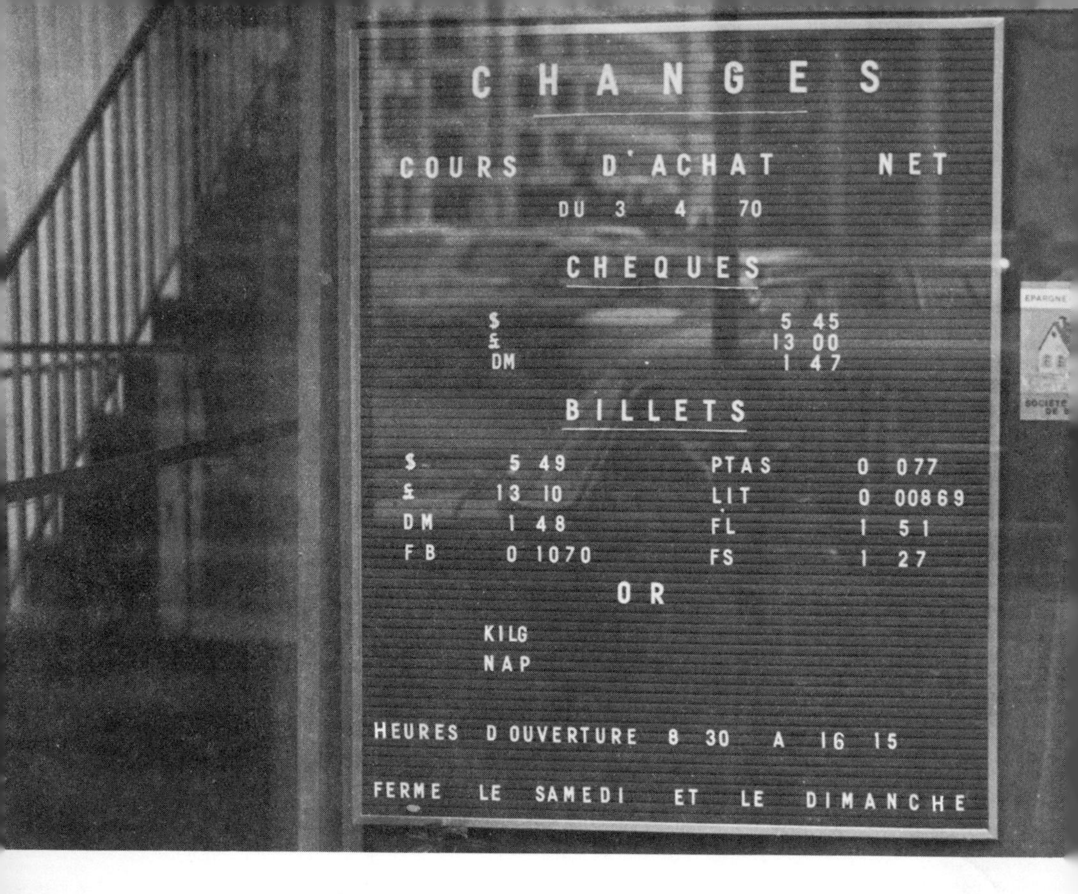

Le recto du billet de cent francs présente un portrait de Pierre Corneille se détachant sur un décor du théâtre du château de Versailles. Le verso présente aussi un portrait de Corneille et une vue de la ville de Rouen (où il est né). En bas, à droite, apparaît sa maison natale et, à gauche, se trouve le Palais de Justice de Rouen. Les filigranes représentent deux héros de tragédies.

Les pièces de dix francs et de cinq francs sont presque entièrement en argent; à partir d'Octobre 1970, la pièce de cinq francs sera fabriquée en nickel et cupro-nickel. Les pièces d'un franc et d'un demi-franc sont en nickel pur. Les pièces de vingt, dix et cinq centimes sont en cupro-aluminium au nickel. La pièce d'un centime est en acier inoxydable.

Les pièces de cinq francs, d'un franc et d'un demi-franc sont du type *la Semeuse.* Les pièces de vingt, dix et cinq centimes sont du type *Marianne.*

Les Français emploient souvent les figures de la Semeuse, de Marianne et du coq pour représenter la France.

Cachez le bas de cette page. Comptez combien il y a d'argent dans chaque photo; ensuite vérifiez vos réponses.

16, 86 F
24, 78 F

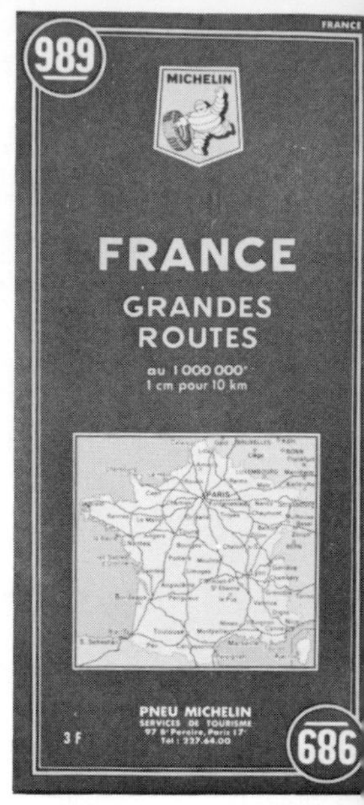

27 Sur la route

Tout au plaisir de leur voyage, nos deux amies oublient que leur voiture a besoin de se ravitailler. Sur le tableau de bord, un clignotant rouge se met à fonctionner. Cela veut dire que le réservoir d'essence est presque vide; il faut s'arrêter à la première station-service. Ce n'est pas le moment de tomber en panne d'essence!

Marguerite Qu'est-ce que c'est que cette petite lumière rouge qui clignote sur le tableau de bord?

Suzanne Zut alors! Il ne reste presque pas d'essence. Je me demande depuis quand la lumière est allumée.

Marguerite On va tomber en panne d'essence?

Suzanne Ça se pourrait bien. Il vaut mieux s'arrêter au premier poste d'essence.

Marguerite Tu as de la chance! En voilà justement un.

Suzanne Ce n'est pas la marque que mon père m'a recommandée, mais tant pis nous n'avons pas le choix.

Garagiste Bonjour, mademoiselle.

Suzanne Bonjour, monsieur. Qu'est-ce que vous me conseillez? De l'ordinaire ou du super?

Garagiste Pour cette voiture-là, il vous faut du super. Combien de litres?

Suzanne Faites le plein, s'il vous plaît.

Garagiste Bien, mademoiselle. Avancez un petit peu et arrêtez le moteur, s'il vous plaît.

Suzanne	Avez-vous vérifié le niveau d'huile?
Garagiste	Oui, mademoiselle.
Suzanne	Et voulez-vous bien vérifier mes pneus?
Garagiste	Celui-ci n'est pas assez gonflé. Voilà, c'est fait. Votre pare-brise est sale, je vais le nettoyer.
Suzanne	Merci. Combien est-ce que ça fait en tout?
Garagiste	Cinquante-deux francs. Bonne route!

Exercices structuraux

1 *Exemple* Vous pouvez me ramener chez moi en voiture? (essence)

Malheureusement pas; il ne me reste presque pas d'essence.

Vous pouvez me ramener chez moi en voiture? (essence)
Vous pouvez m'offrir un verre? (vin)
Vous pouvez me prêter cent francs? (argent)
Vous pouvez me faire un sandwich? (pain)
Vous pouvez rester un moment avec nous? (temps)
Vous pouvez faire un bouquet pour la réception? (fleurs)
Vous pouvez polycopier ma thèse? (papier)
Vous pouvez astiquer les meubles? (cire)

2 *Exemple* Depuis quand est-ce que la lumière est allumée? a demandé Suzanne.

Suzanne a demandé depuis quand la lumière était allumée.

Depuis quand est-ce que la lumière est allumée? a demandé Suzanne.
On va tomber en panne d'essence? a demandé Marguerite.
Il vaut mieux s'arrêter au premier poste d'essence, a dit Suzanne.
Ce n'est pas la marque que mon père m'a recommandée, a dit Suzanne.
Qu'est-ce que vous me conseillez? a demandé Suzanne.
Vous devez avancer un petit peu et arrêter le moteur, a dit le garagiste.
Combien est-ce que ça fait en tout? a demandé Suzanne.

3 *Exemple* Votre pare-brise est sale. (nettoyer)
Il faut que je vous le nettoie

Votre pare-brise est sale. (nettoyer)
Votre batterie est à plat. (recharger)
Un de vos phares est éteint. (remplacer)
Votre radiateur est vide. (remplir)
Votre essuie-glace est détraqué. (régler)
Vos freins sont usés. (réparer)
La poignée est cassée. (changer)

4 *Exemple* Qu'est-ce que cela veut dire quand le clignotant du tableau de bord s'allume?
Cela veut dire qu'il ne reste presque pas d'essence.

Choisissez la bonne réponse dans la liste qui suit les questions:

Qu'est-ce que cela veut dire quand le clignotant du tableau de bord s'allume?
Qu'est-ce que cela veut dire quand on entend un signal continu au téléphone?
Qu'est-ce que cela veut dire quand on entend les trois coups au théâtre?
Qu'est-ce que cela veut dire quand l'agent lève le bras?
Qu'est-ce que cela veut dire quand les feux sont au vert?
Qu'est-ce que cela veut dire quand la sirène retentit?
Qu'est-ce que cela veut dire quand la barrière descend?

la ligne est occupée
les voitures peuvent passer
la pièce va commencer
il ne reste presque pas d'essence
il faut s'arrêter
l'ambulance passe
un train va passer

5 *Exemple* Regardez ce garage-là. (pompes jaunes)
Vous voulez dire celui où il y a des pompes jaunes?

Regardez ce garage-là. (pompes jaunes)
Regardez ces bâtiments-là. (fenêtres cassées)
Regardez ce café-là. (stores bleus)
Regardez ces jardins-là. (plantes exotiques)
Regardez cette maison-là. (rideaux verts)
Regardez ces vitrines-là. (articles de sport)
Regardez ce magasin-là. (des téléviseurs dans la vitrine)
Regardez cette voiture-là. (une contravention)

Questions

Vous allez entendre sept questions et réponses. Chaque question sera ensuite répétée et suivie d'une pause pendant laquelle vous donnerez votre réponse.

Qu'est-ce que les deux jeunes filles ont failli oublier?

Qu'est-ce qui leur rappelle que le réservoir est presque vide?

De quoi ont-elles peur?

Où s'arrêtent-elles?

Combien d'essence est-ce que Suzanne demande?

Qu'est-ce qu'elle demande au garagiste?

Que faut-il faire avant de prendre de l'essence?

28 A l'hôtel

Pour leurs hôtels, Suzanne et Marguerite se fient aux renseignements donnés par le Guide Michelin. Grâce à ce livre, elles trouvent des hôtels de bon confort à des prix raisonnables.

Gérant Bonjour, mesdemoiselles. Vous désirez. . . . ?
Suzanne Avez-vous une chambre pour deux personnes avec salle de bains?
Gérant Mais oui, mademoiselle. Je peux vous montrer une très belle chambre.
Marguerite Elle n'est pas trop chère?
Gérant Non, très raisonnable, mademoiselle.
Suzanne Nous voudrions la voir, s'il vous plaît.

Marguerite Elle n'est pas très grande.
Gérant Mais la vue est splendide.
Suzanne Il n'y a pas trop de bruit?
Gérant Pas du tout.

Marguerite Où est la salle de bains?
Gérant Ici. Il y a une baignoire et une douche.
Suzanne Combien est-ce que c'est?
Gérant Quarante-sept francs pour deux personnes.
Marguerite Le petit déjeuner est compris?
Gérant Oui, mademoiselle, service, taxes et petit déjeuner compris.
Suzanne Qu'en penses-tu, Marguerite?
Marguerite C'est très bien. Ça me plaît.
Suzanne Parfait alors. Nous prendrons cette chambre.
Gérant Je vais faire monter vos bagages, mesdemoiselles.
Suzanne Merci, monsieur.
Gérant Voulez-vous bien descendre remplir les fiches?
Suzanne Très bien, monsieur.

Exercices structuraux

1 *Exemple* Le Guide Michelin indiquera un bon hôtel aux jeunes filles.
Pour trouver un bon hôtel, les jeunes filles se fieront aux conseils du Guide Michelin.

Le Guide Michelin indiquera un bon hôtel aux jeunes filles.
Suzanne indiquera à Marguerite une bonne couturière.
Le propriétaire de l'hôtel m'indiquera un bon restaurant.
Le président du club nous indiquera un bon bateau à voiles.
Madame Duparc indiquera aux nouveaux voisins une bonne épicerie.
Le garagiste indiquera à monsieur Duparc une bonne voiture d'occasion.
Notre cousin nous indiquera une bonne école pour les enfants.

2 *Exemple* Les bagages seront montés?
Je m'en occuperai. Je les ferai monter tout de suite.

Les bagages seront montés?
Les valises seront enregistrées?
La chambre sera nettoyée?
L'ordonnance sera préparée?
Le robinet sera réparé?
Le télégramme sera envoyé?
Le chauffage central sera installé?

3 *Exemple* Demandez au garçon d'aller chercher nos bagages.
Voulez-vous qu'il aille les chercher tout de suite?

Demandez au garçon d'aller chercher nos bagages.
Demandez aux voyageurs de remplir les fiches.
Demandez à Paul et à Marguerite de réserver une table.
Demandez à votre père de choisir le vin.
Demandez à vos amis d'éteindre la lampe de chevet.
Demandez aux enfants de ranger leurs affaires.
Demandez à Paul de porter ma robe chez le teinturier.

4 *Exemple* Avez-vous une chambre pour deux personnes? a demandé Suzanne.
Suzanne a demandé s'ils avaient une chambre pour deux personnes.

Avez-vous une chambre pour deux personnes? a demandé Suzanne.
Je peux vous montrer une très belle chambre, a répondu le gérant.
La chambre n'est pas trop chère? a demandé Marguerite.
Nous voudrions la voir, a dit Suzanne.
Il n'y a pas trop de bruit? a demandé Suzanne.
Qu'en penses-tu, Marguerite? a demandé Suzanne.
Je vais faire monter vos bagages, mesdemoiselles, a dit le gérant.

5 *Exemple* Le guide Michelin indique aux jeunes filles les hôtels confortables.
C'est grâce au guide Michelin qu'elles ont pu trouver des hôtels confortables.

Le guide Michelin indique aux jeunes filles les hôtels confortables.
Elles ont fait un voyage agréable dans la voiture de monsieur Duparc.
Les automobilistes se renseignent sur l'état des routes en écoutant le programme Inter-Route.
Nous apprenons ce que nous savons de la lune en suivant les progrès des astronautes.
Les médecins ont isolé les microbes à la suite des découvertes de Pasteur.
J'ai préparé une bonne bouillabaisse en utilisant la recette de Tante Martine.
J'ai guéri mon mal de tête en prenant ce médicament.

Questions

Vous allez entendre six questions et réponses. Chaque question sera ensuite répétée et suivie d'une pause pendant laquelle vous donnerez votre réponse.

Comment est-ce que Marguerite et Suzanne réussissent à trouver de bons hôtels à des prix raisonnables?

Qu'est-ce que Suzanne demande au bureau de réception de l'hôtel?

De quoi est-ce qu'elle veut s'assurer avant de prendre la chambre?

Combien est-ce que la chambre va coûter en tout?

Qu'est-ce que le gérant propose de faire?

Qu'est-ce qu'il leur demande de faire?

ICHE DE
OYAGEUR

. N° 20

CELTIC - HOTEL
Billiers (Morbihan)

M : MARTIN
me in capital letters (écrire en majuscules)

m de jeune fille :
iden name

énoms : MARGUERITE
ristian names

le : 12 mars 1951 à Reading
te and place of birth

partement (ou pays pour l'étranger) G.B.
untry

ofession : Etudiante
cupation

micile habituel : Londres
me address

TIONALITÉ Britannique
lationality

Nombre d'enfants de moins de 15 ans accompagnant le chef de famille :
Number of children under 15 with the head of the family

PIÈCES D'IDENTITÉ PRODUITES
Identity documents produced

NATURE : Passeport

Pour les étrangers seulement
(for aliens only)
CARTE D'IDENTITÉ OU PASSEPORT
Certificate of identity or passport
(Cross out word not available)

No 708933 Délivré le 26 mai 1968
issued on

à Londres par Foreign Off.
at by

Date d'entrée en France : 27 Juin 1969
Date of arrival in France

Billiers le 7 Août 1969

Signature

Marguerite Martin

Les hôtels en France

Si vous désirez descendre à l'hôtel, il est prudent de retenir votre chambre à l'avance. L'hôtelier préfère que vous arriviez avant huit heures; en général, l'hôtelier exige que vous dîniez chez lui. Dans la plupart des villes, il y a un syndicat d'initiative; vous y trouverez des renseignements précis sur les hôtels, les restaurants, les curiosités de la ville, etc.

A votre arrivée, l'hôtelier vous demandera de remplir une fiche; si vous êtes étranger, il vous demandera votre passeport et il a le droit de le garder pendant la nuit.

Si vous avez une chambre sans salle de bains,
vous devez vous adresser à la femme de chambre chaque fois que vous désirez prendre un bain (et vous devez lui donner un pourboire). En général, les hôtels français ne fournissent pas de savon (vous devez apporter le vôtre). Si vous avez un rasoir électrique ou tout autre appareil électrique, n'oubliez pas que le voltage n'est pas le même dans toute la France; renseignez-vous avant de mettre la fiche de votre appareil dans la prise électrique.

220 volts
BRANCHEZ ICI
VOTRE RASOIR ÉLECTRIQUE
"REMINGTON"

PRIX HOMOLOGUE

Par la Direction Générale du Tourisme

(Loi du 4 Avril 1942 - Arrêté du 14 Avril 1953) 1 Pers. 40F

CHAMBRE N° 40 PRIX NET: 2 Pers. 47F

PETIT DÉJEUNER : S & T compris

AVIS

MM. les Clients sont instamment priés d'informer le bureau de leur départ et de rendre les chambres disponibles **avant midi,** faute de quoi la journée leur sera comptée.

NOTICE

Guests are earnestly requested to inform the office of their departure and give up the rooms **befor noon,** otherwise the following day will be charged in full.

En général, le petit déjeuner est compris dans le prix de la chambre; c'est un petit déjeuner à la française: café au lait (ou thé ou chocolat), croissant, petit pain, beurre, confiture, sucre; si vous désirez un jus de fruit, vous devez payer un supplément. Vous pouvez demander qu'on vous monte votre petit déjeuner dans votre chambre, mais n'oubliez pas de donner un pourboire à la femme de chambre qui vous l'apportera (50 centimes ou un franc).

Dans la plupart des hôtels, chaque chambre a le téléphone. En général, il n'y a pas de postes de radio ou de télévision dans les chambres, mais de nombreux hôtels ont un poste de télévision dans leur salon.

Le jour de votre départ, vous payez votre note et vous donnez un pourboire à la femme de chambre de votre étage.

Tous les hôtels français (environ 100 000) sont classés par le gouvernement; environ 13 000 ont une ou plusieurs étoiles suivant le degré de confort qu'ils offrent (salles de bains, ascenseurs, etc.).

On commence à construire des motels; il y en a maintenant environ 60 (mais ils sont presque tous dans la moitié sud de la France). On commence aussi à construire des restoroutes; un restoroute est un restaurant ouvert 24 heures sur 24 et placé à côté d'une station-service permettant ainsi aux automobilistes de se restaurer rapidement tout en faisant le plein d'essence.

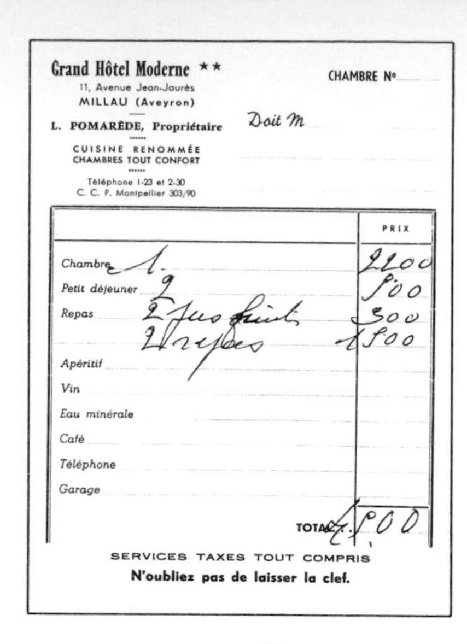

Grand Hôtel Moderne ★★
11, Avenue Jean-Jaurès
MILLAU (Aveyron)

L. POMARÈDE, Propriétaire

CUISINE RENOMMÉE
CHAMBRES TOUT CONFORT

Téléphone 1-23 et 2-30
C. C. P. Montpellier 303/90

CHAMBRE N°

Doit M

	PRIX
Chambre 1	22 00
Petit déjeuner 2	5 00
Repas 2 jus fruits	3 00
2 repas	15 00
Apéritif	
Vin	
Eau minérale	
Café	
Téléphone	
Garage	
TOTAL	45 00

SERVICES TAXES TOUT COMPRIS
N'oubliez pas de laisser la clef.

Il se peut que vous ayez quelques difficultés à vous habituer à la façon dont certains Français forment leurs chiffres.

Cette note d'hôtel se traduit donc ainsi:

Chambre 1		22, 00
Petit déjeuner 2		5, 00
Repas	2 jus fruits	3, 00
	2 repas	15, 00
	Total...	45, 00

Si vous voyagez en France, c'est une bonne idée de vous munir d'un *Guide Michelin*. En plus de ses cartes routières et de ses plans de villes, le guide vous donne des renseignements détaillés sur les hôtels, restaurants, garages, monuments, etc. Par exemple, le guide vous donne les renseignements suivants sur la ville d'Avranches:

1. La ville d'Avranches est une sous-préfecture; son numéro postal est 50 (département de la Manche). Elle se trouve sur la carte Michelin 59, pli 8. Elle est décrite en détail dans le *Guide Michelin* vert *Normandie*. Elle a 10 127 habitants. Son altitude varie de 10 mètres à 103 mètres. On peut visiter le Jardin des Plantes et le Musée de l'Avranchin (célèbre pour ses manuscrits du Mont-Saint-Michel). Il y a un service de dépannage le dimanche. Pendant les vacances, il y a un syndicat d'initiative (téléphone 0. 22). Le guide indique ensuite la distance d'Avranches à Paris, Caen, Dinan, etc. et signale quelle sortie de la ville il faut employer.

2. L'Auberge Saint-Michel est un hôtel de bon confort avec une bonne table. Le petit déjeuner coûte 4 F (il n'est pas compris dans le prix de la chambre). Il y a des repas à prix fixes (minimum 13 F, maximum 23 F); le service et les taxes sont compris dans le prix du repas. La demi-carafe de vin coûte 3 F. Ensuite le guide indique les spécialités du restaurant.

Il y a 27 chambres; la chambre la moins chère coûte 22 F; la chambre la plus chère (pour deux personnes) avec salle de bains particulière et téléphone coûte 40 F (service et toutes taxes compris). Il y a un garage payant. Vous pouvez changer de l'argent.

Dans cet hôtel (comme dans la plupart des hôtels de province), l'hôtelier exige que vous dîniez chez lui; quand l'hôtelier n'exige pas que vous dîniez chez lui, le nombre de chambres est indiqué en caractères gras.

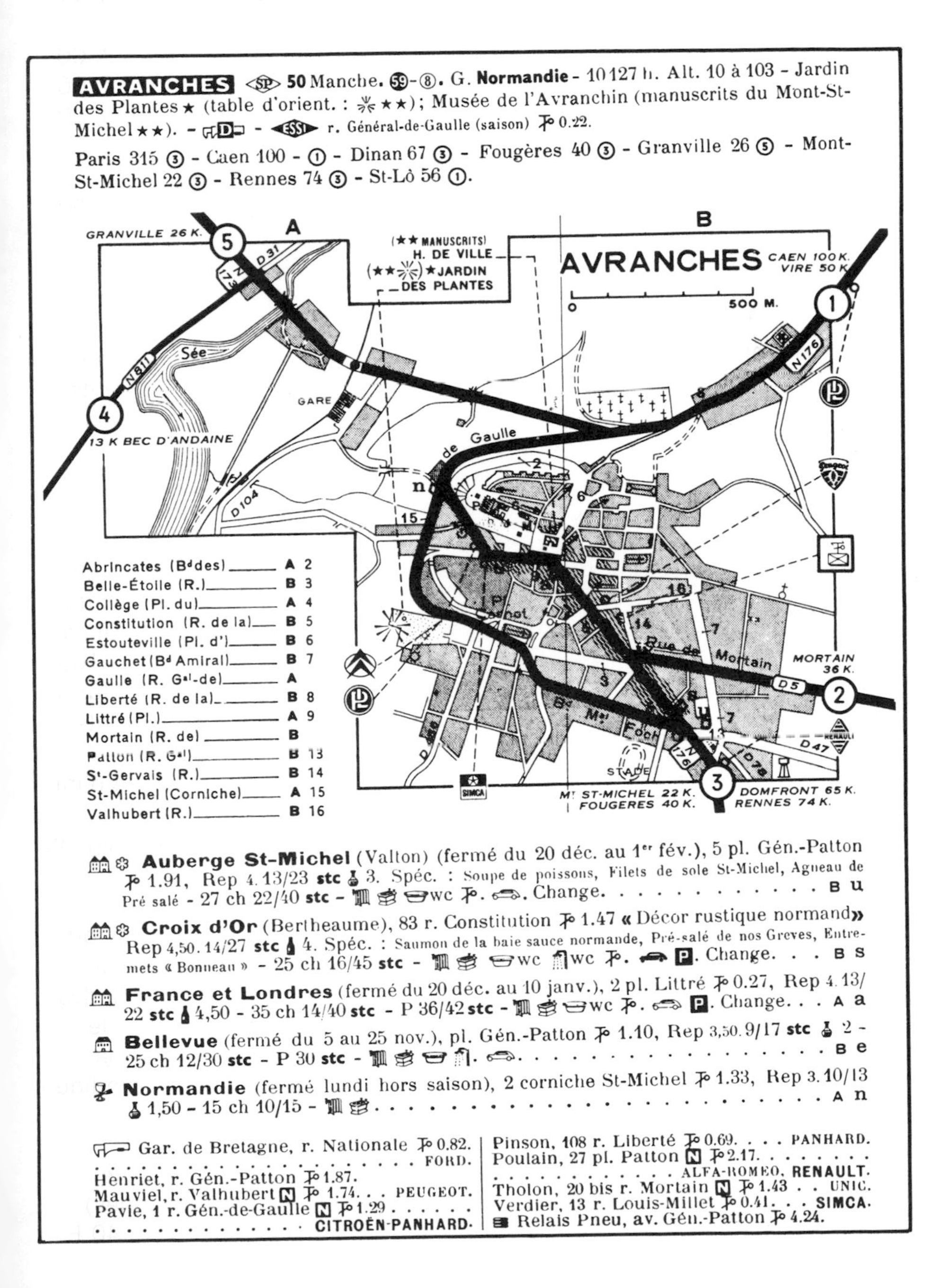

AVRANCHES <SP> **50** Manche. 59-⑧. G. **Normandie** - 10 127 h. Alt. 10 à 103 - Jardin des Plantes ★ (table d'orient. : ☼ ★★); Musée de l'Avranchin (manuscrits du Mont-St-Michel ★★). - D - ESSI r. Général-de-Gaulle (saison) ☎ 0.22.

Paris 315 ③ - Caen 100 - ① - Dinan 67 ③ - Fougères 40 ③ - Granville 26 ⑤ - Mont-St-Michel 22 ③ - Rennes 74 ③ - St-Lô 56 ①.

Abrincates (Bdes)	B	2
Belle-Étoile (R.)	B	3
Collège (Pl. du)	A	4
Constitution (R. de la)	B	5
Estouteville (Pl. d')	B	6
Gauchet (Bd Amiral)	B	7
Gaulle (R. Gal-de)	A	
Liberté (R. de la)	B	8
Littré (Pl.)	A	9
Mortain (R. de)	B	
Patton (R. Gal)	B	13
St-Gervais (R.)	B	14
St-Michel (Corniche)	A	15
Valhubert (R.)	B	16

Auberge St-Michel (Valton) (fermé du 20 déc. au 1er fév.), 5 pl. Gén.-Patton ☎ 1.91, Rep 4.13/23 **stc** 3. Spéc. : Soupe de poissons, Filets de sole St-Michel, Agneau de Pré salé - 27 ch 22/40 **stc** - wc ☎. Change. . . . . **B u**

Croix d'Or (Bertheaume), 83 r. Constitution ☎ 1.47 « Décor rustique normand » Rep 4,50.14/27 **stc** 4. Spéc. : Saumon de la baie sauce normande, Pré-salé de nos Greves, Entremets « Bonneau » - 25 ch 16/45 **stc** - wc wc ☎. **P**. Change. . . **B s**

France et Londres (fermé du 20 déc. au 10 janv.), 2 pl. Littré ☎ 0.27, Rep 4.13/22 **stc** 4,50 - 35 ch 14/40 **stc** - P 36/42 **stc** - wc ☎. **P**. Change. . . **A a**

Bellevue (fermé du 5 au 25 nov.), pl. Gén.-Patton ☎ 1.10, Rep 3,50.9/17 **stc** 2 - 25 ch 12/30 **stc** - P 30 **stc** - . . . . **B e**

Normandie (fermé lundi hors saison), 2 corniche St-Michel ☎ 1.33, Rep 3.10/13 1,50 - 15 ch 10/15 - . . . . **A n**

Gar. de Bretagne, r. Nationale ☎ 0.82. . . . . FORD.
Henriet, r. Gén.-Patton ☎ 1.87.
Mauviel, r. Valhubert **N** ☎ 1.74. . . PEUGEOT.
Pavie, 1 r. Gén.-de-Gaulle **N** ☎ 1.29 . . . . **CITROËN-PANHARD.**

Pinson, 108 r. Liberté ☎ 0.69. . . . PANHARD.
Poulain, 27 pl. Patton **N** ☎ 2.17. . . . . ALFA-ROMEO, **RENAULT.**
Tholon, 20 bis r. Mortain **N** ☎ 1.43 . . UNIC.
Verdier, 13 r. Louis-Millet ☎ 0.41. . . **SIMCA.**
Relais Pneu, av. Gén.-Patton ☎ 4.24.

29 Allons faire les courses

Les grands centres commerciaux se développent de plus en plus. Est-ce que les petits commerçants pourront résister et survivre? Est-ce que toutes les vieilles habitudes doivent disparaître?

Suzanne Puisque mes parents sont partis pour huit jours, nous allons être obligées de nous débrouiller toutes seules. Allons faire les courses.

Marguerite Que faut-il acheter?

Suzanne De tout. Regarde ma liste. D'abord, il nous faut du pain, du lait, du beurre, de la viande, du poisson, des pommes de terre, des légumes, des fruits, du fromage, et du vin; il nous faut aussi des savonnettes, des produits de nettoyage pour la cuisine, et puis du savon et un paquet de Paic pour faire la lessive.

Marguerite Et moi, il me faut de la pâte dentifrice, du cirage rouge, du fil noir, une pelote de laine blanche, et des cigarettes.

Suzanne Et n'oublions pas d'acheter de la cire pour les meubles, des ampoules pour le lustre du salon, et du papier à lettres.

Marguerite Où allons-nous aller?

Suzanne Tu sais ce que maman ferait; elle irait chez tous ses commerçants habituels: son boulanger, son épicière, son charcutier, sa crémière, son droguiste, son boucher, sa mercière, son libraire, etc., etc.

Marguerite Mais ça prendrait un temps fou!

Suzanne Oui, mais elle préfère avoir affaire à des commerçants qu'elle connaît personnellement. Et pour être bien sûre que tout est frais, elle fait ses courses deux fois par jour.

Marguerite Vous avez pourtant un grand réfrigérateur!

Suzanne Oui, mais les vieilles habitudes ne disparaissent pas facilement. Nous, nous sommes modernes! Allons à Inno.

Marguerite Qu'est-ce que c'est?

Suzanne Ça ressemble beaucoup à un supermarché américain. Ils vendent absolument de tout.

Marguerite Mais comment ferons-nous pour rapporter tous ces achats?

Suzanne Ne t'inquiète pas. Ils livrent tout à domicile pour presque rien. Quand tout sera arrivé, nous irons faire la lessive.

Marguerite Où irons-nous?

Suzanne Je voudrais essayer la nouvelle laverie libre-service qui vient d'ouvrir près d'ici. On m'a dit que c'était très bien.

C'est ici que madame Duparc achète le lait, le beurre, le fromage et les œufs.

Pour le poisson et la volaille, elle va toujours chez monsieur Jean.

Il y a plus de quinze ans qu'elle achète son pain dans cette boulangerie.

Exercices structuraux

1 *Exemple* J'ai beaucoup d'achats à rapporter.
Comment ferai-je pour rapporter tous ces achats?

J'ai beaucoup d'achats à rapporter.
Maman a beaucoup de linge à repasser.
Elles ont beaucoup de vaisselle à laver.
J'ai beaucoup de lettres à écrire.
Tu as beaucoup d'argent à rembourser.
Elle a beaucoup de courses à faire.
Nous avons beaucoup de légumes à éplucher.

2 *Exemple* Voilà le nouveau centre commercial.
Les grands centres commerciaux se développent de plus en plus.

Voilà le nouveau centre commercial.
Voilà le nouveau supermarché.
Voilà la nouvelle laverie libre-service.
Voilà le nouveau terrain de camping.
Voilà la nouvelle université.
Voilà le nouveau journal du dimanche.
Voilà le nouvel aéroport.

3 *Exemple* Que ferez-vous, Marguerite et Suzanne?
Nous allons être obligées de nous débrouiller toutes seules.

Que ferez-vous, Marguerite et Suzanne?
Que feras-tu Paul?
Que ferai-je, maman?
Que fera monsieur Duparc?
Que feront Suzanne et Marguerite?
Que ferez-vous, mes amis?
Que fera madame Duparc?

4 *Exemple* Tout est arrivé; allons faire la lessive!
Quand tout sera arrivé, nous irons faire la lessive.

Tout est arrivé; allons faire la lessive!
La fiche est remplie; montons dans nos chambres!
Il sait conduire; prêtons-lui la voiture!
L'avion arrive; appelons un taxi!
Nous n'avons plus d'argent; passons à la banque!
Le clignotant s'allume; prenons de l'essence!
Les valises sont faites; partons pour la gare!

5 *Exemple* N'oubliez pas d'acheter de la cire pour les meubles.
Ne vous inquiétez pas! J'en ai déjà acheté.

N'oubliez pas d'acheter de la cire pour les meubles.
N'oubliez pas de faire la liste des invités.
N'oubliez pas d'envoyer les faire-part.
N'oubliez pas de leur transmettre mes amitiés.
N'oubliez pas de repeindre la porte du garage.
N'oubliez pas de téléphoner au médecin.
N'oubliez pas de commander du vin.

Questions

Vous allez entendre six questions et réponses. Chaque question sera ensuite répétée et suivie d'une pause pendant laquelle vous donnerez votre réponse.

Pourquoi faut-il que Marguerite et Suzanne se débrouillent toutes seules?

Pourquoi est-ce que Marguerite est étonnée d'apprendre que madame Duparc fait ses courses deux fois par jour?

Pourquoi est-ce que madame Duparc va toujours chez ses commerçants habituels plutôt qu'au supermarché?

Est-ce que les deux jeunes filles vont chez les commerçants du quartier?

Est-ce qu'elles doivent rapporter tous leurs achats?

Et, les courses finies, où vont-elles faire la lessive.?

Suzanne préfère aller à Inno.

Voici le rayon de la viande pré-emballée.

Par mesure d'hygiène le pain n'est pas en libre service.

On paye à la sortie.

Dernier jour à Paris

Suzanne As-tu fini tes bagages?

Marguerite Non, pas tout à fait. Il me reste à ranger les diapositives que nous avons prises.

Suzanne Tu as vraiment un appareil formidable. Je crois que tu n'as pas raté une seule photo.

Marguerite Oui, elles sont bien réussies. Regarde ces photos de Paris...

la rue du Chat-qui-Pêche . . .

la Place de la Bastille.

Et voici le Marché aux Puces . . .

et cette visite des égouts.

Suzanne J'aime bien tes photos du Zoo de Vincennes.

Marguerite Oui; et voici celles que j'ai prises quand nous avons fait notre promenade en voiture.

Voici l'autoroute de l'ouest que nous avons prise pour sortir de Paris.

La place du marché à Rouen. . . . . . . et le musée Jeanne d'Arc.

Le pont de Tancarville qui est vraiment magnifique.

Moment de détente au vieux port d'Honfleur . . .

. . . avant de repartir pour Caen.

Et le Mont St. Michel où il faut faire bien attention avant de garer la voiture.

Et voici la cathédrale de Chartres que nc avons visitée sur le voyage de retour.

Marguerite	Et que penses-tu de toutes ces photos des signaux routiers que j'ai prises pour ne pas oublier le code de la route. Au cas où je reviendrai l'année prochaine avec la voiture !
Suzanne	L'été prochain quand tu reviendras, nous pourrons visiter le reste de la France. Et ce sera toi qui conduiras !

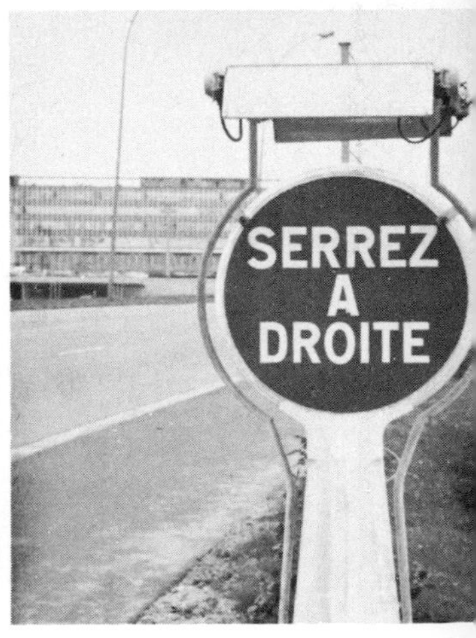

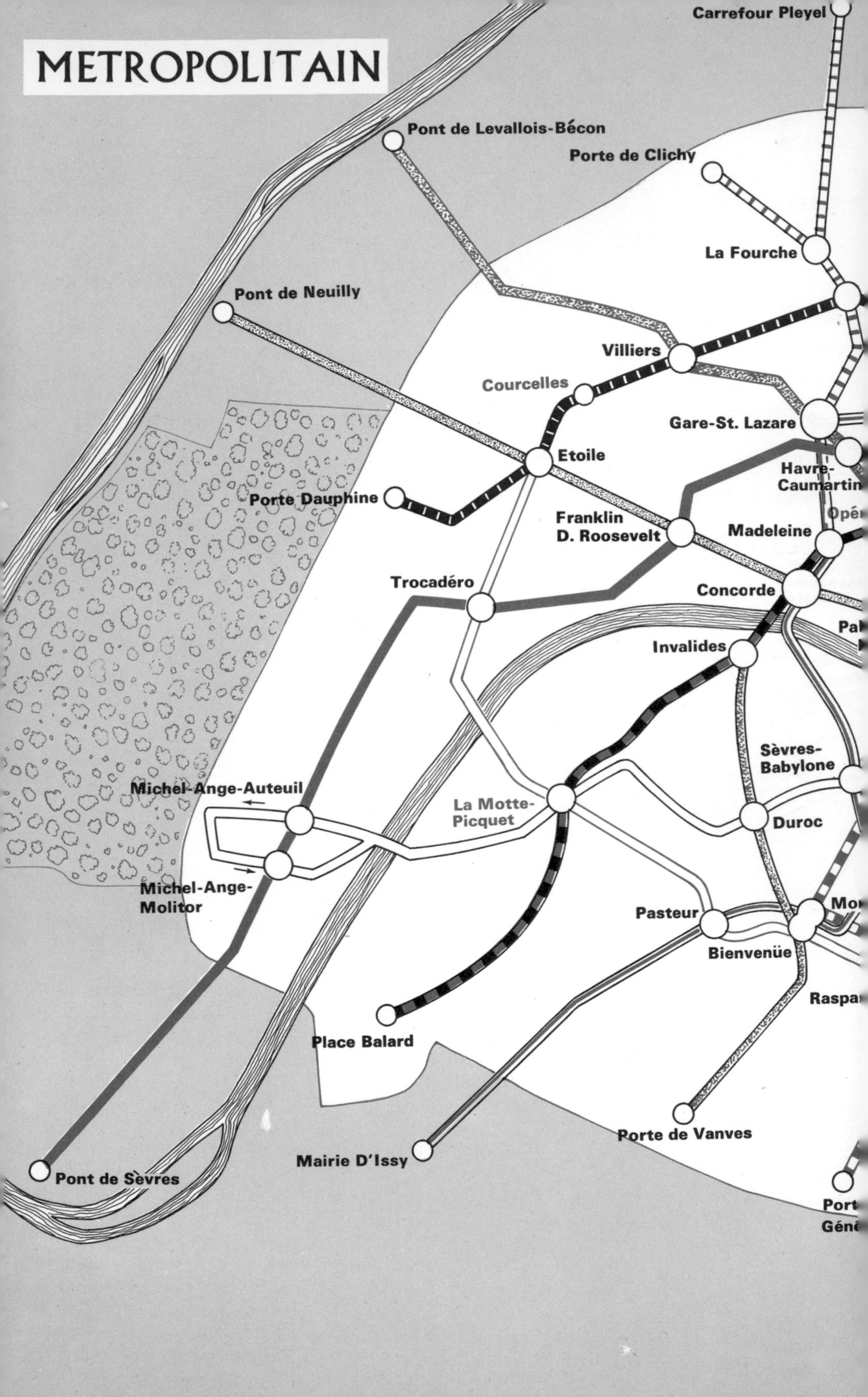
METROPOLITAIN
Carrefour Pleyel
Pont de Levallois-Bécon
Porte de Clichy
La Fourche
Pont de Neuilly
Villiers
Courcelles
Gare-St. Lazare
Etoile
Havre-Caumartin
Porte Dauphine
Franklin D. Roosevelt
Madeleine
Trocadéro
Concorde
Invalides
Sèvres-Babylone
Michel-Ange-Auteuil
La Motte-Picquet
Duroc
Michel-Ange-Molitor
Pasteur
Bienvenüe
Place Balard
Porte de Vanves
Mairie D'Issy
Pont de Sèvres